秘録 空海

弘法大師
Kōbō Daishi
空海
Kūkai

京都阿刀家 阿刀 弘敬

アメージング出版

はじめに

「弘法大師《こうぼうだいし》・空海《くうかい》（宝亀五年（774）～承和二年（835））が遣唐留学生《けんとうるがくしょう》として留学する際には渡航費用や在唐中の活動諸費用が必要となるわけですが、一体誰がこの費用を調達したのでしょうか？　費用は莫大かと思われますので前々から疑問に思っていました」と、ベルギーからの留学生であった青年（当時、京都大学大学院生）が、とある食事の席で、筆者にポツンと言ったことがありました。この時即答せぬまま、ほぼ四半世紀が徒過しました。昨年六月、わけあって『上古代日本の歴史余聞』（青山ライフ出版）を出版しましたが、この機会に乗じまして、今回、二冊目を決心いたしました。その出版動機はいくつかありますが、この青年の質問に応えなければならないという勝手な使命感が突沸したところにその最たる動機が在りました。聞き及んでおりますところでは、この青年は、現在、わが日本国の超一流の私立大学で空海研究の第一人者として教鞭をとっておられるとのことです。喜ばしい限りです。空海研究とは誠に有り難いことです。この出版の動機付けの端緒を彼が開いてくれたことによって出版が決断できたことに感謝です。益々のご活躍を陰ながら応援しています。誤解されるといけませんので申し上げます。実は筆者は象牙の塔の学究者ではありません。在野の学研でもないのです。単なる「歴史に興味を持つ歴史愛好家」です。

さて、前置きが長くなりました。本題に入りましょう。「伝承」、「伝説」、この二つの言葉に明確な意味のちがいはあるのかないのか？　ネット検索をしますと『贈る言葉情報館』（東京）が、明確な差がある！と明言しています。

さらに『意味解説情報サイト「meaning-difference」』によりますと、

「伝承」と言う言葉は、「人づてに伝え聞くこと」や「ある集団・集落で、昔からの言い伝え・風習などを庶民が継承して後世に伝えることやその伝えた内容」を意味して　います。それに対して、「伝説」と言う表現は「過去に起きたと信じられて語り伝えられてきた「物語」や「言い伝えられてきた物語」や「言い伝えられた風聞・伝聞」の意味を持っています。」


との解説をしています。

本書の内容が右言葉解説の範疇に入るか否か、入るとすればいずれに属するのかは筆者には判断がつきません。そもそも判断することの必要があるのかとも一方で同時に思っています。「空海」および関連周辺人については以下のようなことがよく言われてきました。いわば、まつわる「謎」の部分、つまり「「謎」の事跡の部分」です。この『「謎」の事跡を解き明かす』ことが本書の主な目的です。

非が理でも理が非でも明らかにしておかなければならない該事跡項目の中から幾つか選んで左記に掲げてみました。

①空海にまつわる「謎」の事跡について
・遣唐使船での渡航費用の原資は誰が準備したか？
・一介の私度僧がどのようにして短期間で留学生になりえたのか？
②空海の母方の情報がなさすぎる。その理由は何処にあるか？
③『天神さんと弘法さんは親戚である』という言い伝えがあるが本当なのか？
④空海は火葬だったのか土葬だったのか？
⑤秦氏宗家と当家間で協調関係がみとめられる。この関係の発生原因はどこにあるのか？
—深草秦氏に滅ぼされた『卑弥呼』とは一体何者なのか？—
⑥当家にまつわる「奇しきご縁」でつながっている面々について、史実なのか否か？

《面々》**（奈良時代～平安時代に限る）**
光明皇后／阿刀玄昉、藤原仲麻呂（恵美押勝）／阿刀雄足／佐伯今毛人、大伴家持／市原王／阿刀大足、菅原清公／菅原道真／菅原智泉／菅原淳祐、和気清麻呂息子和気広世／智証大師・和気円珍、桓武天皇第三皇子伊豫親王／空海

なお、本書の内容は『阿氏余録』（当家口伝伝承内容を纏めこれを記録して残すことを目的に綴った冊子）から該テーマ十篇を選びそれら書式をそれぞれの内容に応じて論文もどき形式に書き改めたものです。そのため、主格は篇ごとにしか統一されていません。さらに目的的にも当然ですが偏った内容であることは否めません。そして同時に、偏った論理展開の論文もどき散文集になっています。読み辛いでしょうが「伝記モノ」の「歴史小説的読み物」として軽い気持ちで読んで頂ければ幸いです。ここで、ふたたび、誤解されるといけませんので申し添えます。筆者は、現在もなお全国津々浦々、幅広い分野に亘って息づいている空海の「伝承」、「伝説」を１００パーセント受け入れている者です。ここ１００パーセント領域に「秘録空海」を加えることによってより深く濃いい「歴史小説的読み物」となります事を願っての上梓の運びとなりました。

付記　引用文は本文より一段下げ、活字ポイントも下げて必要に応じて□で囲った。引用文中の下線部分は筆者。

目次

はじめに……………………………………… 2
序章　本書を『空海とヨガ密教』の著者にささげたい…………… 8
第一章　当家「阿刀」姓の出所について………………… 21
第二章　一章と関連する項目である…………………… 26
第三章　まつわる「謎」の一部を解き明かす……………… 28
第四章　古老よりの〝奇しきご縁〟伝聞（＃）二点………… 47
第五章　系図に関する伝承事項についての所見…………… 55
第六章　弘法大師空海の生誕地について………………… 76

第七章　「当時は空海生誕地讃岐善通寺まで海がきていた」……91
第八章　弘法大師空海は『火葬』だったか『土葬』だったかについての一考察……99
第九章　史跡「頭塔」(神護景雲元年(767年)造立(「東大寺要録」)についての一考察……124
第十章　秦氏宗家および深草秦氏と阿刀家間で協調関係が認められる。この原因はどこにあるのか　-深草秦氏に滅ぼされた『卑弥呼』とは何者なのか-……152
第十一章　ひとりごと……173
おわりに……179
引用・参考文献……182
図版・系図・表など挿図および添付資料一覧……187

序章　本書を『空海とヨガ密教』の著者にささげたい

卑家事跡内容の伝承は口伝に限られてきた。その内容の口外は厳しく禁止されている。しかしながら口伝伝承堅持の紐の結び目を緩め記録伝承に変更せざるを得なくなった。当家の意思表示を残しておく必要にせまられたからである。『空海とヨガ密教』(株式会社学習研究社)小林良彰著の内容がこれを決断させた。この内容を阿刀家の者は真実と思ってはならない！　記録はその内容の外部への漏洩の危険性をはらんでいるので決断に至るには葛藤があった。漏洩防御には内容の〝口外禁止、転載禁止、転複写禁止〟および内容記載文書とその該類の〝持ち出し禁止〟を徹底するしかない。但し当主が阿刀家の理解者と信じる親類縁者の一部と一部知己友人に対してのみは彼らの良識を信じて該文書の配布は可とした。この決定は平成二十二年（２０１０）五月十九日である。しかし以降発生の関連内容諸資料および文書類についても〝禁止〟および〝可〟を永久適用とする。

配付日　平成　　年　　月　　日

当代阿刀弘敬　印

平成二十二年五月一日京都府城陽市の秋山　達様経由で氏の甥子さん・高島秀昭様より次の著書が私に届けられた。ちなみに高島様は香川県多度津町におすまいのお方である。昨秋、秋山様にお手をわずらわせご案内いただき阿刀大足《あとのおおたり》（天平十六年（７４４）～天長八年（８３１））の寄進と伝えられる讃岐の国宝「神谷神社《かむたにじんじゃ》」を主軸に「瀧宮天満宮《たきのみやてんまんぐう》」、「仏母院《ぶつもいん》」および「その他」を参拝した。その際の行く所の事前調査をしていただきまたその他諸事のお手配をもいただいたお方である。ご両人には大変お世話になり感動感謝の気持ちを抱いて帰途についた。後日、平成二十二年五月一日、『空海とヨガ密教』小林良彰Gakken（株式会社学習研究社）平成十九年（２００７）発行、２３５頁、第１章～第７章構成、帯付きの立派な装丁本をお届け下さった。私にこの本をお届けいただいた理由についてはお聞きしないままでの落手であった。第１章および第２章の「空海の師は誰か」までをとり急ぎ読み終えた。第１章は空海の母方に関連する論でそのタイトルは〝母系空海論〟そして第２章のそれは〝入唐求法の真相〟である。

『空海の血族、しかも母方の直系とあなた〈阿刀〉は言っているが、この本の著者〈小林氏〉はこの本の中であなたの言い分とは異なる主張をしている。すなわち著者の血縁者が現在のただ一人の空海に連なる家であると主張している。一体何がどちらの言い分が本当・真実なのか？』

と、問いを発することをその目的として届けられたのであろうとの勝手な推量をして私は読みに着手したのである。したがって私のこの本の読後の感想は当然のことながら著者の主張に異論を唱える内容になっている。その異論〈私の側の主張もしくは反論およびすこしばかりの感想〉記述は「件《くだん》」の記述部分とその頁とを抜き出し箇条書に示してこれらに対応するそれぞれの部分に対して異論を述べると言うスタイルをとった。

1．（（帯）、（表紙））日本でただひとり、弘法大師に連なる著者が云々日本でただひとり、空海と縁をもつ著者が、云々

当阿刀家としては少々耳障りに聞こえる。

2．（3頁）さらに一冊を付け加える意味は何か、これについての説明から始めよう。

意味曖昧、難解な文章・記述である。

3．（3頁）そこが父親の別邸だと言う書き方をするからことの本質からずれてしまう。

ここで言うことの本質とはどう言うことなのか？　何を言いたいのか？

4．（7頁）私は空海に対して、日本人の中では、ただ一人の不思議なご縁をもっている。なにかといえば私が空海の父親・佐伯善通〈田公〉の立場であったと言うことである。

まったく意味不明、難解な文章である。

5.（8頁） 私の妻が阿刀氏の屋敷跡に生まれ育った、ただ一人の女性なのだ。そこは今、「仏母 院」と言う寺院になっている。寺には『弘法大師産湯の井戸』があり、

「産湯を使った場所」と言うことであろうが、これは有りえない。

6.（9頁） 「それは違うだろう」と私は思った。非力なものが、偽者の分際で本物に挑戦することはありえない。おそらく仏母院のものが本物なのだろうが、何らかの事情で正当性を主張出来なくて、顧みられなくなっているのではないかと推理した。

意味不明、難解な文章である。

7.（16頁） 空海の生誕地は善通寺ではない。生まれ育った場所は多度津の母方の屋敷であった。現在「仏母院」と称する寺院になっている。そこには『弘法大師産湯の井戸』があり・・・作家の菊地寛氏が・・・そこは父親別荘だと書いている点である。・・・・それ は事実とは違う。・・・のちに見るように、父親よりも格式の高い家系は母方の阿刀氏であり、仏母院のある地 はその邸宅であった

「仏母院」がそうだと断定的に主張される典拠（史料）をお持ちなのか？ この表記箇所の内容については以下のように解釈して いる。 現在地「産湯を使った場所」について本録（91～１００）においては

証明した方法に従えば、７７４年当時の海岸線は現在の海岸線から６７０メートル陸地に寄っていたことになるので、海岸から１００メートル陸地に寄った位置にある現在の「仏母院」は、現在のこの位置が７７４年当時から移動していなければ、周辺基台は94センチメートル下方の海中に在ったことが推察できる。この場所内にある「産湯を使った場所」は、したがって、〃産湯を使った場所〃とはなり得まい。現在のこの場所は、７７４年以降の海水が引いた後の時代８６９〜８８０年 以降の創設であると考えられる。一方、近在の『海岸寺』は１０５センチメートル下方位置に基台はあったが、現況施設を概観する限りでは創建時にこれが考慮されていたであろうことをうかがわせるかなりの高台に本堂は建てられているので、当時も現状の『海岸寺』の外観が保たれていたであろうことが想像出来る。

8．（18頁）　その結果、滑稽なほどのこじつけが、多くの空海伝では行はれている。当時は善通寺まで海がきていた」と書く人もいた。

『「当時善通寺まで海がきていた！」と書く人もいた。』

この表現は、「きていた」事実があれば都合が悪いからそれを否定するため、「書く人もいたけれども、いやいやそんなことはない、海はきてはいないヨ」と言う意味を込めてこの一行を入れた』と勘繰れる内容なのである。〃こじつけ！〃とはすこし言い過ぎのように思う。聖徳太子没後推古天皇三十年（622）頃の四天王寺の眼下の大阪湾〈難波津〉はその海面は寺の西門入口の最下段の石段の近く　あたりまであったらしいが～隋、唐船の着船足場の役目を石段が果たしていたらしい～現在のその海面はその当時よりもはるかに低くなっているのが見てとれる状態にある。現在の「善通寺」周辺域の地形の断面図を作成して当時の海面との標高差20メートルがどの域値に相当するかを確認してみて、その結果を判断してから言ってほしいものである。

『石鳥居の向こうに沈む夕陽」西大門の先、石鳥居に沈む夕陽は、かつて四天王寺の西に広大な海が広がっていたことを彷彿とさせる。西側の低地との標高差は20メートル近くあり、春秋の彼岸の時期には、西に沈む太陽を見ることができる。』　『週刊古寺を巡る　25　四天王寺』小学館。

　この記述内容は重要である。内容を咀嚼しこの該当箇所を利用すると、鳥居の間から眼下わずか2・1キロメートルほど沖に沈み行く真っ赤な夕陽を拝めたであろうことが推測できる。この位置であれば燃える夕陽のその海面への反射熱を受けて熱い！　と感じたのではないだろうか？　同時に夕陽が手に取れる！　と錯覚をおぼえた人もいたかもしれない。現在では当時の位置よりもさらに該3倍の6・2キロメートル強ほど沖合でしか拝めないであろうことも概算できるので、当時ほどの感動は得られないであろうことも想像できる。当時の海水が現在の善通寺の敷地近傍のどのあたりまで浸水していたことになるのかはこの敷地周辺の海抜図が手元にあれば判明するはずである。この標高差概算値19・4メートルの値が間違っていなければ「当時は善通寺まで海がきていた」と言う主張もあながち〃こじつけ〃として捨象するわけにいかないと思う。

9.（22頁） さて、それでは、空海が生まれた奈良時代末期の状況を歴史的に 正確に説明しよう。
現在の香川県（かっては 讃岐国）多度津町（JR予讃線とJR土讃線分岐点）に阿刀大足の土地があった。・・学者で、桓武天皇の 第三皇子・伊予親王（?―八〇七年）の待講、・・ そのため、大足の土地は学田で免税であったから、税を納める必要がない。この地方では最高の上流階級であった。その姉が阿刀玉 依姫（阿刀阿古屋）だといわれる。空海の母である。

〃姉〃はない。この言い方では大足は〃母の弟〃となってしまう。〃大足は母の叔父〃である。

10・（24頁） だから佐伯氏も阿刀氏も古くからのその土地の豪族大土地所有者であった。

当阿刀家が讃岐国を含む四国に土地を所有していた！ またその地の豪族であった！ こう言う事実はない。空海関係の「阿刀」〃京都阿刀家〃は、19代・阿刀一足《あとのひとたり》(欽明七年（546）～推古十五年（607））の時であったが、飛鳥時代、丁未《ていび》の役《えき》(以下、変《へん》)（欽明十三年（552）～用明二年（587））に遭遇した。本貫であった奈良磯城郡田原本町坂手からすでに先住民となっていた秦氏本宗家の計らいでその居住地京都山代〈背〉国葛野郷《かどのごう》へ逃れて当地の周辺（本録21頁参照）に居住を開始したのである。この後、用明天皇二年（587）頃か年号は不明だが新たに本貫となる京都深草の地に移住することになる。26代・阿刀宿禰《あとのすくね》雄足《おたる》、27代・阿刀宿禰《あとのすくね》大足《おおたり》の時代７４０〜７５０年前後頃には、すでにわが阿刀家は奇しくも当時は未だ存在してはいなかった〝東寺〟（延暦十五年（７９６）創建）を中心とするその管轄領〈寺領〉域周辺を居住区域としていたようである。よって、讃岐国に当時居住していた事実は当家では見出せていない。

11・（29頁）阿刀氏は代々「東寺の俗別当」であった。僧侶ではなく「俗人」であるから、結婚をして子を成すので、親から子への世襲になると言うのである。

「半僧半俗」と言う「僧侶」の身分を保持しながらの「俗人」と言う特殊な身分で弘仁十四年（８２３）から明治四年（１８７１）まで１０４８年の間、東寺の中に居を与えられて歴代世襲〈血統相続〉職で〝東寺執行〟と言う職域を守り続けたのである。「執行阿刀」には着任時から江戸幕府崩壊まで半僧半俗の身分が与えられてきた。しかし半俗の位階は公安二年（１２７９）前までは具体的には記録、口伝いずれもされていない。僧俗両身分が記録されたのは弘安二年以降当家42代からである。具体的には例えば42代の僧位階は法印権大僧都厳盛、俗人位階は『名・秋丸、位階・師。』

46代の僧位階は権律師、俗人位階は『名・松丸位階・大納言』などと記録　されている。いわゆる「東寺執行家《とうじしぎょうけ》」、「造東寺所修理別当家」あるいは「政所東寺執行家《まんどころとうじしぎょうけ》」とも呼ばれていた。

12・（30頁）・・・・・阿刀連、阿刀宿禰が多数いる。その中に空海の叔父・阿刀大足も「讃岐国多度津郡人舅従五位下阿刀宿禰大足」とある（『新編姓氏家系辞書』）。

この表記は大変紛らわしい。誤解をまねきかねない「抜書き」である。この表記『讃岐国多度津郡の人』では阿刀大足本人についてなされた「抜書き」のように読者には思われてしまうからである。この「抜書き」の内容が空海の本籍地であることを述べているということを知らない人にとっては、前頁〈9（22頁）〉に示されている『讃岐国多度津町に阿刀大足の土地があった』との主張を補完するための「抜書き」なのかなと連想されかねない。きわどい表記である。この「抜書き」の中身は、『続日本後紀』巻四、仁明天皇、承和二年三月二十一日の条に記載の文章であることはあきらかである。参考までに以下原文を転載；ちなみにこれはこの条文の日に空海〈〈大僧都傳灯大法師位空海〉〉の没したことがしるされている所謂官報・公文書である。《・・・・』法師者。讃岐国多度津郡人。俗姓佐伯直。年十五就舅従五位下阿刀宿禰大足。讀―習文書。・・・・・》〝法師〟とは、〝空海〟のことである。《法師は讃岐国多度津郡の人である。俗姓を佐伯直という。十五歳の時母の舅（オジ）の従五位下阿刀大足について大学入試のための勉強をした人である》という意味として記録されている。ちなみにこの舅は〝オジ〟と読む。（叔父）、（伯父）も共にオジと読むが、この舅は、母のオジを意味する。

13・（34頁）現代に残る阿刀氏は空海のいとこから始まるが、・・・・・

この表記は間違いである。どのような史料に基づいているのであろうか？　その出典を明らかにしていただきたい。ここで言う〝現代に残る阿刀氏〟は〝京都阿刀家〟当家である。空海の生母の里方の血統を世襲して現在四十二代になる。初代は饒速日尊孫《にぎはやひのみことそん》・味饒田命《うましにぎたのみこと》で、その六十八世孫が当代となる（⑦図5㉖代阿刀雄足関連系図58頁参照）空海の母・阿古《あこ》または、阿古屋《あこや》は当家26代・阿刀宿禰雄足（神亀四年（７２７）～延暦二十四年（８０５））（以降、雄足）を父に、伏見稲荷大社禰宜家秦中家忌寸の女（天平二年（７３０）生）を母にもつ長女である。雄足には、彩《あや》と言う次女もいる。彩は雄足の末弟・大足を婿養子に迎えた才女である。雄足は当時勤務先が奈良東大寺の写経所にあったのであるが、佐伯宿禰今毛人（以降、今毛人）（養老三年（７１９）～延暦九年（７９０））がこの写経所の次官から長官であった期間（およそ15～16年間程度と思われるが）その配下にあった。この期間に両者が上司と部下の関係に在った！　と言うことが「空海」を世に出すそもそものきっかけとなったのである。この事実を〃母系空海論〃の展開を試みようとされている著者はご存知ないのかも知れない。この部分の欠落した母系空海論の内容に物足りなさを覚える。佐伯直家と正八位上の阿刀宿禰家がどのような経緯から姻戚関係を持つに至ったか？　の記述から入るのが穏当であろう。よって以下両家が姻戚関係を結ぶに至った経緯について当家に伝えられているところを述べる。

【今毛人は雄足を知る以前から大いなる尊敬の念を抱いて阿刀玄昉《あとうげんぼう》（持統九年（６９５）～天平十八年（７４６））に嘱目していた。今毛人が東大寺写経所に入所したての頃、飛ぶ鳥落とす勢いで僧正にまで駆け上ってきていた玄昉の寺や宮中での肩で風切って闊歩していたその勇姿をどちらかといえばすこし内向的で温和な性格の今毛人は羨望の眼でながめていた。自分の生き方とは正反対のその生き方に共鳴し感動を覚えたその体験が今毛人に玄昉に対する尊大な崇敬の念を抱かせた。この体験から6年後、天平十八年（７４６）六月十八日、今毛人28歳の時、玄昉が九州の地でこの世を去った。享年52歳。玄昉の死から二年経つか経たないうちに、雄足が今毛人の下に配属されてきた。これが佐伯《さいきの》直家《あたいけ》と阿刀宿禰家《あとのすくねけ》との運命的出会いとなる。ここで今毛人は雄足があの畏敬の念を抱く〝僧・阿刀玄昉〟の一族であることを知らされ驚くのである。こうして玄昉の血をひく雄足は今毛人の配下で彼のお気に入りの部下として15～16年間勤務することになった。玄昉と今毛人そして今毛人と雄足のこうした出会いが整っていた結果が佐伯宗家宿禰今毛人にわが佐伯一族の中に憧れの玄昉のような行動的でかつ利発で優秀な人の血を是非入れたいものだと思わせた。この熱い思いを温存してきていた今毛人であったが、自分のもとを去って行った雄足から（去って6年経過した宝亀元年（７７０）婿取りおよび嫁入り先の相談をもちかけられてこの相談を受け容れ仲人役を引き受けたのである。今毛人はそこで以前より念頭にあったママ親戚筋の讃岐佐伯直家の男足への聞き取りを行った。そして佐伯家には適齢期の息子が何人かはいることを知る。雄足〈阿刀家〉には二人の娘がいるものの跡継ぎ息子がいないことはすでに承知していたので、早速息子の田公《たぎみ》を長女の・阿古に見逢わせ、一方次女の彩には雄足の実弟大足を婿養子に迎え入れるかもしくは雄足が相続権を実弟大足に譲渡するかと言う方法を採られては如何かと言う提案をしたのである。その結果宝亀元年（７７０）二人の娘は田公および大足とそれぞれ姻戚関係を契り二年後結婚したのである。】

蛇足ながら右大臣吉備真備《きびのまきび》様はこの縁談を祝福、お孫様を介してご祝儀をお届けくだされた。

以上が〝母系空海論展開〞の要の部分であろう。

〔付言〕阿刀宿禰大足を桓武天皇第三王子である伊予親王《いよしんのう》の侍講《ふみはかせ》に推挙するべく画策し実際侍講に仕立て上げたのは今毛人である。彼は宝亀八年（７７７）八月、遣唐使の大使に任命されたが、仮病をつかい任務を放棄した経歴の持ち主である。ここに、臆病、内向的性格があらわれているように思われるが、不思議なことに以下のことは実行できたのである。『従五位下』の叙位実現は天応元年（７８１）正月、大足38歳、光仁帝ご在位時桓武ご即位年45歳の時に成就したもの。聖武天皇に重用されてきて以降、とりわけ、桓武天皇にも特別重用されることになる今毛人の人脈作戦によるものであった。正八位上の低位階では親王の侍講には採用されなかったであろうことが予想される。今毛人は阿刀大足の位階を殿上資格最下位の『従五位下』に昇格させるべく人脈を駆使して今上帝・光仁に叙位を懇願したのである。帝はこれを受け入れ同年師走ご崩御直前に散位叙位が実現した。作戦勝ちの結果である。結果を得るためになす企画立案の能力の高さと、その結果予測の正しさと的確さとに圧倒されるのである。自分が望んだ一族から阿刀一族の血を受継いだ〝僧・玄昉二世〞すなわち〝空海〞を出現させたいと言う燃え滾る執念！　その実現化を俊敏に行動に移した今毛人、この人からは云われているところのあの内向的性格を何処にも見出すことができない。脱帽である。布石の打ち方もその布石実施の時機も絶妙である。今毛人は延暦元年（７８２）大足同道の真魚《まな》（空海の幼名）には会っていたが空海には接見することなく、と言うよりも〃ぐうかい〃と言う名前それ自体すらも耳にすることなく逝ってしまった。しかし、それから15年後頃には、今毛人の蒔いた種はすくすくとまっすぐに成長して期待通りの実を結んだのである。僧・玄昉の血を受継いだ空海が活躍しはじめるからである。ちなみに空海の唐留学の官費以外の渡航費用は主には阿刀雄足からの私財が投入されたが空海の実家からの私財も応分投入され、伊予親王の生母・吉子様のご寄付と山背《やましろ》秦氏宗家からのご支援によっても賄われたと伝えられている。

以上少々感情に走りすぎた感があるが〃当家伝承事項〃を素直に解釈して分かりやすく述べたつもりである。わが阿刀家の歴史、とりわけその血統に関する情報に対してあまりに無垢状態にある愚息が「件」の著《『空海とヨガ密教』》を読むことによって間違った情報を真実として取り込まないことを願って敢えて書き置いたのである。同時に、著者がわが家の歴史を世間に披露する機会を与えてくださったのだから、わが家の者は著者に決して恨みを抱いてはならない。むしろ、彼に心からの感謝の気持を抱いてほしいと真心こめて筆者はそう願うので、このことを敢えてここに付言する。

平成二十二年（２０１０）五月十九日、愚妻のイタリア旅行出発の日に校了

第一章　当家「阿刀」姓の出所について

〝草薙剣〟に関係ある苗字なのである。〝（アトウ）〟と呼称。「阿」は〝あがめる〟〝おもねる〟〝寄りかかる〟。「刀」は〝剣《つるぎ》〟、〝剣〟は〝草薙剣《くさなぎのつるぎ》〟である。〝刀をあがめる〟、〝刀におもねる〟、〝刀に寄りかかる〟と解すると。〝草薙剣を崇める〟〝Respect the sword〟といった意味合いをもった姓であると。ところで「阿刀」の呼称について大阪河内《かわち》に式内社「跡部《あとべ》神社」があり、また、その地は「跡《あと》と言う　地名」であるからここから来た〝（アト）〟ではないか？と言う説がある。

しかし、当家は〝（アトウ）〟と呼称している。また、阿刀の本貫（出身地）もここ『跡』であると言う説もあるらしいが　本貫は『磯城郡田原元町坂手』と言う〝唐古《からこ》・鍵遺跡《かぎいせき》〟のある所である。

《右記「式内社《しきないしゃ》」と言う言葉について一言》

左記〈神名帳〉に撰挙されている神社を「式内社」と呼ぶ。延喜式とは律令体制下の儀礼様式などを定めた施行細則の法典であるが〈延喜式神名帳〉は延長五年（927）十二月二十六日、

外従五位下行左大史臣阿刀宿禰忠行
従五位上行勘解由次官兼大外記紀伊権介臣伴宿禰久永
従四位上行神祇伯臣大中臣朝臣安則

大納言正三位兼行民部卿臣藤原朝臣清貫
左大臣正二位兼行左近衛大将皇太子傳臣藤原臣忠平

この代表五名の名前によって撰進された三代格式の一。巻本である。わが同族阿刀宿禰忠行はこの巻本の最終推敲責任者で実務者のトップであった。

（1）「跡部神社《あとべじんじゃ》」は延喜式には撰挙されてはいない。

（2）これは式内社として掲げられている渋川郷在の「路部神社《みちのへのじんじゃ》」と注記されている同地に、現存「跡部神社」があることから『路《みち》』の文字が『跡《あと》』と誤読されて今日に至ったと考えられる。

現存「跡部神社」はこの地渋川郷が丁未ノ役《ていびのえき》〈変《へん》〉の激戦跡地であり、まさしく物部氏族全滅の歴史をもつ土地柄であるところに遷座しているが、この氏族にわが阿刀氏も属することから後の時代に〝こじつけ〟で出てきた神社であるように思われる。

（3）わが同族阿刀宿禰忠行は前述したように本延喜式の原稿最終検閲者で実務管理の最高責任者であるのであるからこのことにかんがみれば、同族の神社名をこのような文字づかいで、すなわち『阿刀』を『跡』にして、撰挙するとは到底考えられない。以上三点を、当家68代の一つの見解として記した。ちなみに京都山城（山代）には式内「阿刀神社」が現存する（88頁）。

〝京都阿刀家〟の初代味曉田命《うましにぎたのみこと》の父は物部氏の始祖である宇摩志麻治命《うましまじのみこと》である。

命には兄と妹がいた。兄は天香山命《あまのかやまのみこと》で尾張氏の始祖である。この氏は熱田《あつた》神宮を祀ってきた氏族である。この熱田神宮はいわゆる三種の神器〝草薙剣〟（〝天叢雲剣《あまのむらくものつるぎ》〟とも呼ばれる）を現在保持している神社である。

蛇足ながら三種の神器は実物が現存していて熱田神宮が（天叢雲剣）伊勢神宮が（八咫鏡《やたのかがみ》）皇居（天皇家）が（八尺瓊勾玉《やさかにのまがたま》）を保持保管している。物部一族はその歴史を『先代旧事本紀《せんだいくじほんぎ》』（参考資料（1）、（2）参照）に遺したが、このなかでは当家初代‐味饒田命の父を宇摩志麻治命と記している。熊野本宮大社（阿刀家12代の兄・大阿刀足尼《おおあとのすくね》は初代熊野国造、本宮大社始祖・初代神主）とも深く関係する氏族である。

妹は年の差が親子ほどのひらきのある伊須気余理比売《いすけよりひめ》で神武天皇の正妃（皇后）である。「古事記では媛蹈鞴五鈴媛《ひめたたらいすずひめ》となっている。

（1）『系図③「古事記」「日本書紀」と「先代旧事本紀」による系図』（古代物部氏と『先代旧事紀』の謎）安本美典著　勉誠出版（株）平成15年6月1日第1版　第1刷

（2）『先代旧事本紀［現代語訳］』２５０‐２５１頁　安本義典【監修】志村裕子【訳】批評社　２０１６（平成28）年5月25日初版

（3）当家関連の《「記紀」および「旧事本紀」よりの合作系図》を以下に①図1「古事記」「日本書紀」『先代旧事本紀』よりの当家関連合作系図として掲げた。

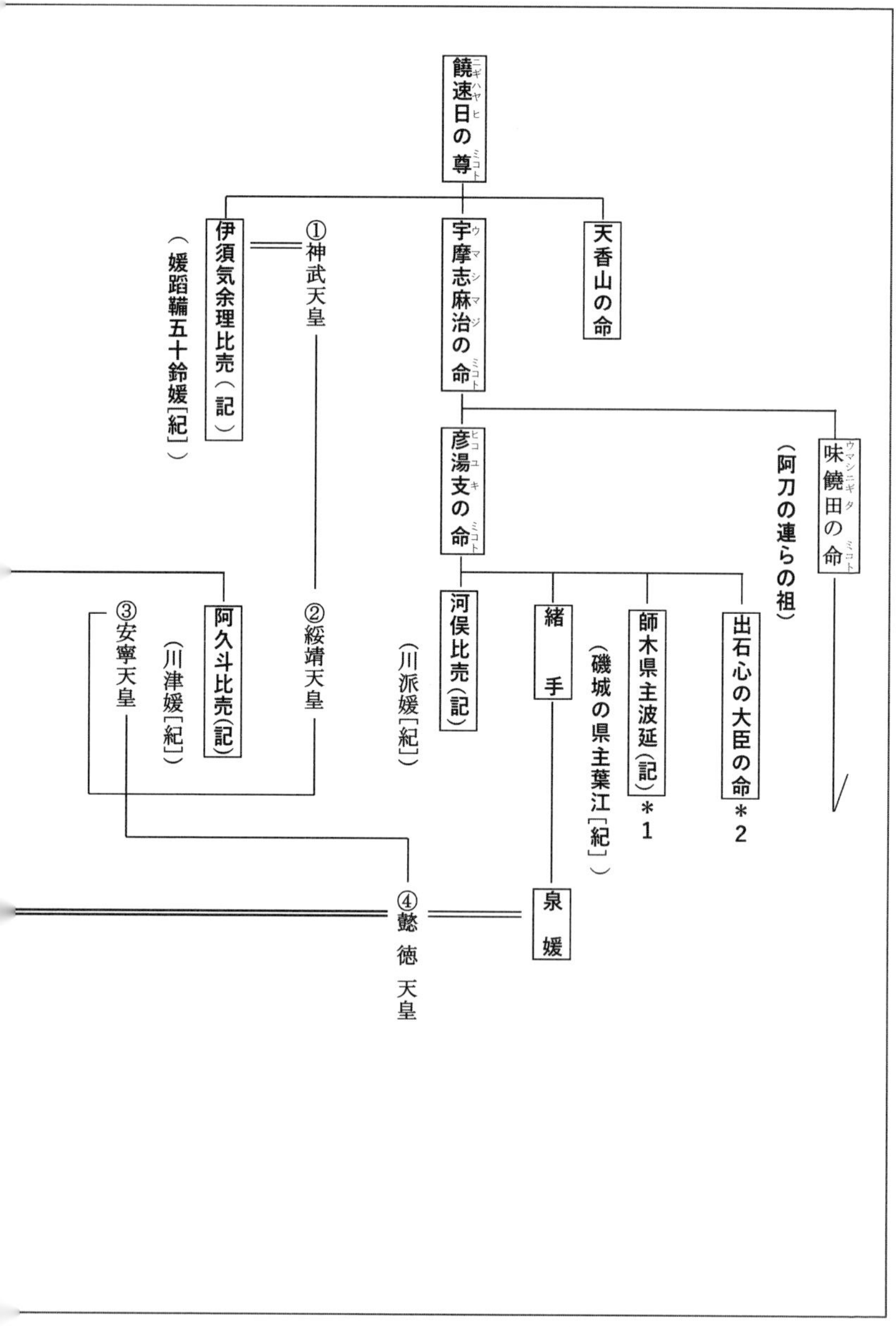

① 図1「古事記」「日本書紀」『先代旧本紀』よりの当家関連合作系図

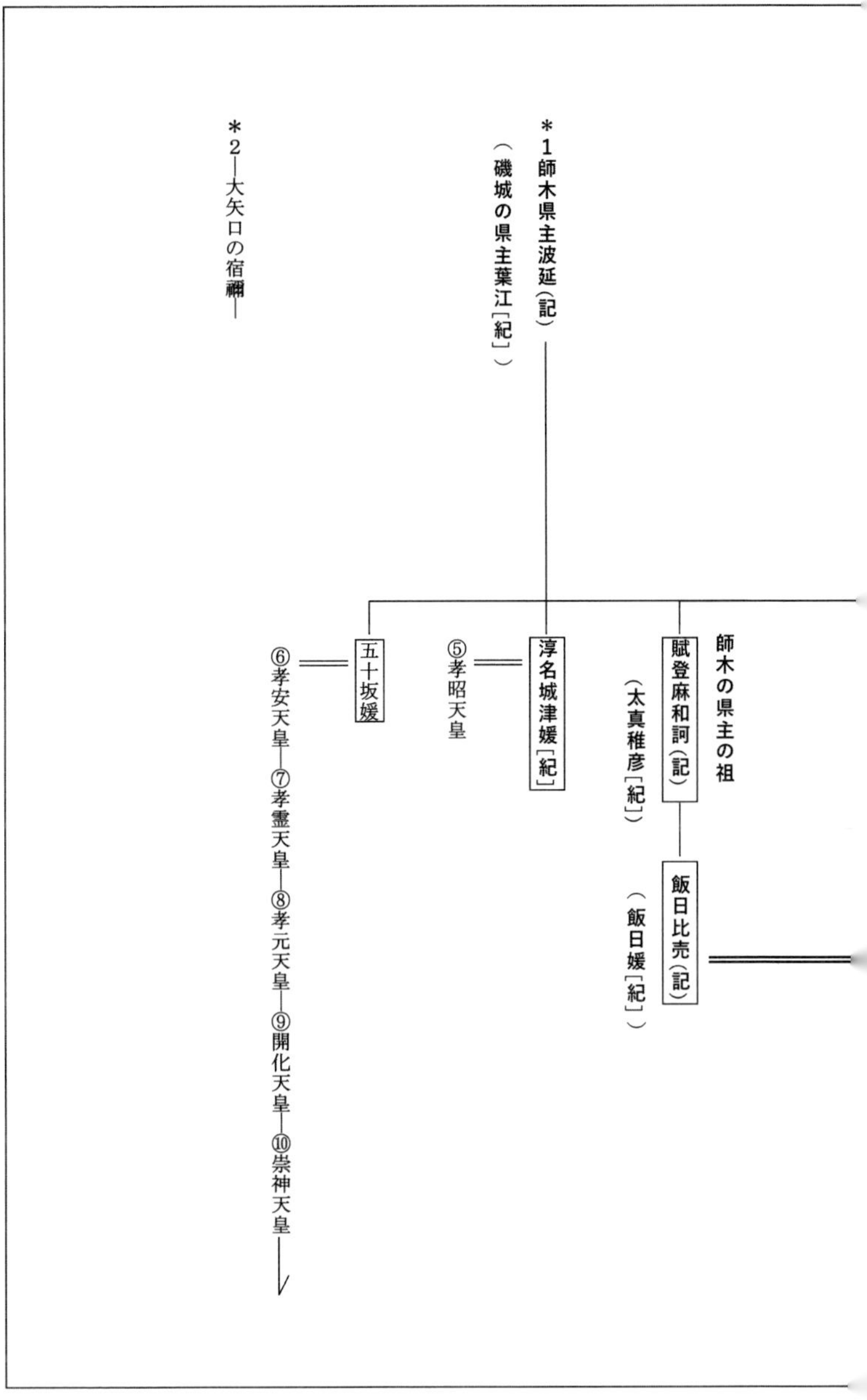
師木の県主の祖
賦登麻和訶（記）
（太真稚彦［紀］）
飯日比売（記）
（飯日媛［紀］）
＊1師木県主波延（記）
（磯城の県主葉江［紀］）
淳名城津媛［紀］
⑤孝昭天皇
五十坂媛
⑥孝安天皇
⑦孝霊天皇
⑧孝元天皇
⑨開化天皇
⑩崇神天皇
＊2
大矢口の宿禰

第二章　一章と関連する項目である

なぜ敏達朝なのか？　なぜ秦氏《はたうじ》なのか？　この二つの疑問に共通するキーワードは継体天皇〈継体大王・この時には天皇と言う言葉が無く大王と言う〉である。継体が26代天皇に即位するにあたり強烈な後援をしたのが尾張連《おわりのむらじ》であった。連は自分の娘・目子郎女を継体の正妻に捧げて、経済面を除く全ての面、たとえば人脈確保（大伴金村、物部アラカイなど（＊ア））、を支援したようである。

一方、即位前代には、すくなくとも5～6家の秦氏―田烏秦氏、淀川流域秦氏、北摂秦氏、宇治二子塚古墳秦氏など（＊ウ）―が存在していて、彼らが、継体の出身地／本籍地・近江《おうみ》の比叡山越しに隣接している山背《やましろ》の地に淀川流域経由で桂川を遡上し京都嵐山麓に既に定住していた秦氏の代表・本宗家太秦氏《うずまさうじ》によってまとめられ、経済面を支援したと。継体の支援を尾張連や秦氏がなぜしたのか？については今のところ不明。大王亡き後この王子・欽明天皇以降の経済は生母方で組織された屯倉（みやけ）によって支えられるようになったようである。この頃からいわゆる古代王権（世襲）を巡る争いが始まる。

大王の孫王・敏達天皇の死後、その皇子彦人王を擁立した物部守屋《もののべのもりや》と泊瀬部皇子〈崇峻天皇〉を推す蘇我馬子《そがのうまこ》の近畿の大豪族同士の争い（丁未《ていび》の変《へん》）に発展。蘇我氏の徹底した物部宗家氏族の根絶《ねだ》やし作戦〈血族を一人残らず完全に葬り去る作戦〉に、この戦いのまったく蚊帳《かや》の 外に在った阿刀までもが巻き込まれると言う思いもかけない事態に遭遇した。そのため身の危険を感じて本貫の大和 奈良の磯城郡田原本町坂手（＊イ）の地を捨て、秦氏宗家（秦河勝）の導きによって山背（代）国葛野郷に移住したのである。物部同族とみなされ根絶やしの対象となったものと思われる。（＊ア）:『物部氏の伝承と史実』前田晴人著平成二十九年（２０１７）九月九日発行（株）同成社１０８頁には「佐伯有清は阿刀連が物部氏と強い同族関係を主張する氏族であったことから物部大連鹿火の妻に阿刀氏がおり、その娘が影媛なのではないかと推察した。１１４頁には「阿刀氏は物部大連鹿火の妻方の姻族だった と推測されるのである。」 とある。

（＊イ）　１１７頁には『磯城郡田原本町坂手にはかつて阿斗と呼ばれた集落が所在したらしく並河永『大和志』の城下郡阿刀村里の項には「坂手村東南、人家今亡」とあり推古十八年十月八日条にみえる新羅・百済使節が滞在したとされる「阿斗河辺館」が当地に設置されたと想定されている。』１２５頁には『先に指摘した推古十八年十月条にみえる「阿斗河辺の館」の所在地に関しても、通説になっている城下郡坂手の阿斗ではなく、城上郡の阿斗と想定するほうが妥当なのではないかと思われてくるのである。なぜかと言うとこれより二年前の推古十六年八月に隋の使節裴世清がやはり同じ城上郡の阿斗広来津から上陸し小墾田宮での儀礼に臨んでいたからである。』との論究あり。

（＊ウ）:『継体天皇と朝鮮半島の謎』水谷千秋著　（株）文藝春秋　２０１３

第三章　まつわる「謎」の一部を解き明かす

①　空海にまつわる「謎」の事跡について

・遣唐使船での渡航費用は誰が準備したか

―費用の原資はどこにあったのか―

阿刀雄足が大半を支えた。阿刀雄足とは一体だれなのか。この阿刀雄足は空海の母「阿古《あこ》」の実父である。彼には二人《ふたり》の弟がいてそのうちの一人《ひとり》に阿刀大足がいた。（⑦図―5　26代阿刀雄足関連系図）（58頁参照）大足は桓武帝第三王子・伊予親王の侍講《ふみはかせ》として名を遺したが姪の「彩《あや》」〈「阿屋」〉の婿養子に迎えられた。

さて、空海が遣唐使船で渡唐するために必要な費用はその大半を阿刀雄足が支えた。支え得たのはなぜだったのか？　支えるための原資が問題となる。

雄足は奈良東大寺の写経所の職員《しきいん》で下級官人であった時代、天平勝宝六年（７５４）十月～天平宝字二年（７５７）正月まで、東大寺領専当国司として東大寺の荘園の管理のため福井県桑原荘（福井県坂井郡金津町桑原付近）に赴任した。28歳～31歳の時であった。荘園管理の職務は誠実に遂行していたようであるが、職務以外のことで「異能が発揮された」らしく錬金術を修得して莫大な量の富を得たようである。現在でいうところの米相場や「宅」とよんだ不動産投資もどきの事業から得られる収益資産である。〝日本最初の不動産屋、最初の投資家〟であろうと言われているらしいがこのことは史実的記録がない。ついでながら、雄足の人物像を知るエピソードが垣間見える記録があるので示す。多量の『正倉院文書』が未整理状態のまま発見されたがこの貴重な文書が現在にまで残ったのは「阿刀雄足の整理下手」が図らずも功を奏したようであるとの見解が『日本古代氏族人名辞典』の中に記録されている。この辞典の内容（(添付資料13③)(本録２００~２０１頁)から原資獲得の方法が推察できる。藤原仲麻呂卿の事件(天平宝字八年（７６４））の後、退職した雄足は右莫大な収益金をたずさえて帰養した。持ち帰ったこの財が彼のこの後の処世資金となり、また外孫空海の渡航費用のみならず唐滞在中の諸費用の原資となった。もちろん空海実家の讃岐佐伯家、伊予親王殿下の母吉子様および秦氏宗家の援助も受けたことは言わずもがなである。

一介の私度僧・空海が短期間で遣唐留学生の資格を得て渡航ができた。

理由は何処にあるか？

延暦二十二年（８０３）四月、第12回遣唐使船が出航した。船には最澄らが乗っていた。出帆後まもなく九州肥前国松浦郡湾の沖あいで難破損傷した。引き返し船を修復するための期間が必要となった。空海にとって、その後の彼の数々の事跡を想えば、この期間は偶然とはいえ、奇跡的出来事であったのである。彼に与えられた天からの贈り物にも匹敵する時間であった。再出帆までのおおよそ一年三ヶ月の期間に僧籍を得、延暦二十三年（８０４）九月、最澄などと共に唐へと向かう。これを実現させたのは伊予親王殿下なのである。親王は空海の妹を妻にした和気広世《わけひろよ》朝臣を通じて空海が唐への留学願望を抱いていることをお知りになり空海を得度させて遣唐使船に乗せるよう取り計らってくだされたのであった。

和気広世朝臣は長岡京造営大夫兼民部卿和気清麻呂《わけのきよまろ》公の子息であり造営判官として長岡京建造に関わったが、二年後に帰朝した空海に高尾神護寺の基地の邸宅を提供したのも広世朝臣であった。ここでもう一言付け加えておく。

空海にとってのさらなる幸運は、空海の妹の夫が和気広世朝臣であったこと、広世朝臣の妹がこの時の遣唐大使藤原葛野麻呂の妻であったことといった血縁関係の繋がりの偶然が空海の唐への留学願望が速やかにかなえられることになる一因となったのである。この事実は偶然とはいえ空海にとって幸運であったと言うほかはない。

ところで、この年七月遣唐使船は再び出航したが、八月シナ福州に漂着。州長官に疑われ、入唐を拒絶された。事情説明をする必要に迫られ、大使が説明書を認《したた》めたがその内容が長官に通じなかったところ、空海が代筆してその内容は通じて、認められ入唐が適ったという歴史事実があった。これは有名な話である。

蛇足ながら、空海の妹は和気広世朝臣の妻で五代天台座主・智証大師円珍の母である。よって円珍（弘仁五年（８１４）〜寛平三年（８９１））は空海の甥になる。後述したが、空海の姉は菅原清岡の妻で智泉大徳の母である。よって智泉（延暦八年（７８９）〜天長二年（８２５））もまた空海の甥となる。おもしろいことに、それぞれ天台宗と真言宗の僧侶となり十有余年であったがそれなりに同時代を共有し名も残した従兄弟（従弟）同士の二人《ふたり》である。

②　母方（阿刀）の血統の情報が父方（佐伯）のそれに比べすくないその理由は何処にあるか　―キーワードは『二足の草鞋《わらじ》』である―

雄足は東大寺写経所時代佐伯今毛人の下ではたらく下級官人・公務員であったが、同時に当時の行政トップの左大臣藤原仲麻呂卿（恵美押勝《えみのおしかつ》とも呼ばれた）にも師事していた形跡がある。師事の資格が公務員としてなのか書生的私人としてなのかは詳らかにはされていないが、『二足の草鞋』を履いていたのは事実である。ただ一介の下級官人をやみくもに採用したとは考えられずそこにはそこに至った理由があると当家では口伝ながら語られている。

『二足の草鞋』を履く行為は公務員としては好ましからざる行いである。罪人扱いほどの罪人とみなされたのである。雄足にはこれからと言う年齢の二人の実弟がいる。二人の出世の道を阻む火種をかかえた雄足は思案に暮れたはずである。仲麻呂卿の反乱が卿の琵琶湖沖での自刃で収束をむかえた（自刃ではなく斬首とするのが史実であるとするが、当家では「自刃」として伝わる）後、東大寺を去り、本貫《ほんかん》（本籍）地の京都へもどった。760年頃〈天平宝字八年（764）正月四日『大日本古文書』一六巻三六九頁〉のことである。この地は深草の地名の語源になったかと思われる深くしげった蘆《あし》におおわれた湿地帯の河原であったが、ここに蘆を庵に結んでひっそりと忍び隠れ住んで「雄足」の名を隠し通した。これによって実弟・大足ら、および後年に芽吹くことになる外孫・空海の出世にまで影響するような火種は飛び火しなかったのである。もちろん空海実家（本貫）の讃岐佐伯家の協力なしには実現しなかったことは言うに及ばずである。空海の出世にまで影響を与えることを見越して佐伯阿刀両家は「雄足」の名前を隠し通し、関連情報の漏洩を遮断して情報操作を行ったのである。このことが母方の情報のすくなさの原因となっている。

《雄足に関する口伝伝承の内容は真実のことである》

空海の実家、父方佐伯直家《あたいけ》については史料も残されているようで家系追認し得るのに反し、生母の里方阿刀宿禰家（すくねけ）についてのそれは現在も依然として殆ど無く追認し得ない状況にある。何故か？　その理由は以下の伝承に遺る。

『阿刀雄足の風評（東大寺写経所の下級官人時代の好ましくない素行）（藤原仲麻呂卿に請われて行っ

た官人にあるまじき任務内容：二足の草鞋《わらじ》的処世方：罪人扱い）が幼名真魚《まな》・空海の出世を妨げかねないと判断した両家親族がその被害防御策として〃阿刀雄足〃の名前を外部へ出すことを禁止し家系の情報流出を管理した。このことが現在に至るも家系を追認し得ない理由である。』

『したがって真魚・空海および親王殿下の家庭教師の地位にある阿刀大足が阿刀雄足の実弟であることも当然ながら関係者以外には表には出せない事情にあるから真魚・空海の実父・佐伯田公の実弟にしたてあげ阿刀大足が真魚・空海の本貫である讃岐国の出身であるかのごとく装った。』

【この策《さく》は真魚《まな》に接見《せっけん》の時機《じき》を得ていて深謀遠慮《しんぼうえんりょ》を巡《めぐ》らすことに長《た》けた佐伯今毛人の策《さく》であった】

③「天神（道真）さんと弘法（空海）さんは親戚である」との伝承内容が事実であることを検証する。―右伝承の内容は〈事実である！〉―

《要旨》京都には古来より『天神さんと弘法さんとは親戚なり！』。『天神さんは弘法さんの生まれ変わりなり！』〈「久安二年（１１４６）六月十二日「藤原頼長日記」（台記）」（添付資料１③）〈１８８頁〉。などと言う言い伝え（口伝）がある。この口伝が口伝にとどまらず史実であると結論づけても不合理性を感じない結果がえられたので報告する。

《結論》弘法大師・（空海）〈以下空海〉には姉がいた。実姉・佐伯千恵子である。千恵子が菅原道長《すがわらみちなが》もしくは菅原清岡《すがわらきよおか》の妻室となったことを菅原家系図（『尊卑分脈《そんぴぶんみゃく》』、『系図纂要《けいずさんよう》』など）を利用して導いた。道長および清岡は菅原道真《すがわらのみちざね》の実祖父・清公《きよきみ》のそれぞれ実兄、実弟にあたる。したがって道真にとって空海は義理の大叔父にあたるから「天神さんと弘法さんは親戚である」と言えるのであるとの結論を得た。

《考察》本稿は『智泉大徳《ちせんだいとく》は讃岐の人、弘法大師の甥なり、俗性は菅原氏、家は讃州の滝の宮の宮司（官吏）たり、母は佐伯氏の出身で大師の姉なり、後に染衣して智縁尼と号す、〜』（『弘法大師弟子譜』と言う史実に着目して智泉大徳の父の名前を菅原家系図から特定することにより間接的に口伝が史実であることを明らかにした論考である。ちなみに35頁の図3（道真&空海の関係系図）においてこのことを示す。間接的に智泉が道真の義理の伯父または叔父であることを示して智泉を介して空海と道真との関係を確認できるようにした。この特定は智泉の母の結婚年齢を（智泉の生年−1）年としてこの年齢に見合う年齢を持つ相手方を菅原家系図に示された人びとの中からひろいあげ、それらの人びとの中から年齢が諸条件を充たす人を求めると言う方法によって行なわれた。

条件1　母・千恵子の結婚年は（智泉の生年−1）年とする。
条件2　智泉の父の没年は『弘法大師弟子譜』の内容から弘仁元年（810）+−1年とする。
条件3　経歴および生年没年の不明者については除外（忠人、興　膳）。
条件4　生年不明者の生年は下賜位従五位下《じゅごいのげ》の年齢を30〜35と仮定して史実下賜位年号から算出す

る。（道長、清岡、清人）一例として従五位下の下賜年齢を30歳と仮定して下賜位年を試算し史実年と比較してみたのが36頁の表3―1である。すなわち仮定の妥当性を確認した。

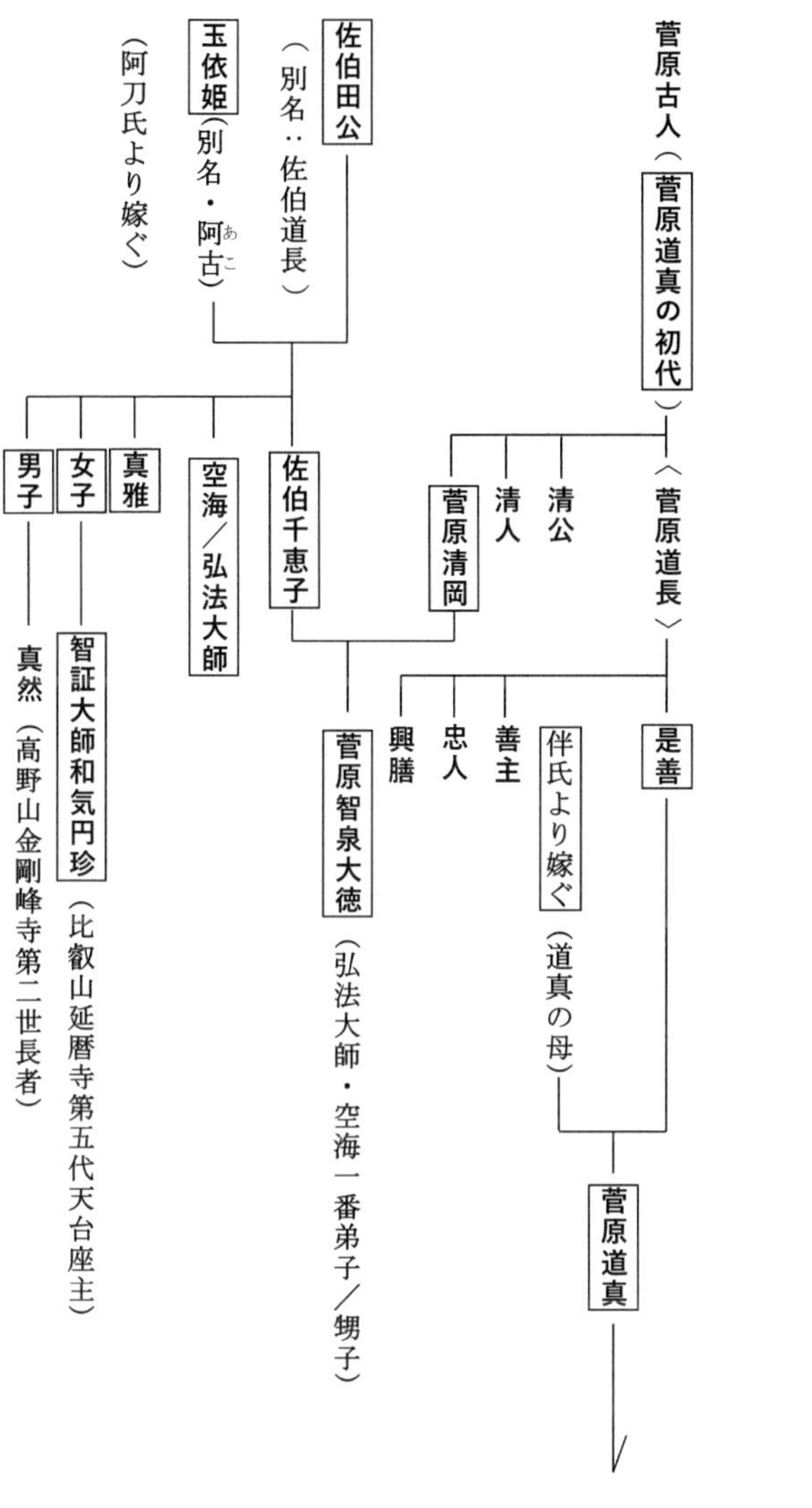

② 図3　道真&空海の関係系図

③表3—1〝仮定の妥当性〟を確認した一覧表

	（生年）	**（仮定下賜位年）**	**（史実下賜位年）**	**（史実年からのズレ年）**
道真	845	875	874	（マイナス1）
清公	771	801	798	（マイナス3）
善主	802	832	839	（プラス7）
古人	750	780	781	（プラス1）

〝ズレ（年）〟は善主においては大きいが、その他の者についてはおおむね一致していることが判る。よって、この仮定条件を採用して生年を算出する。

④表3—2　生年没年一覧表

	（生年和年号）	**（生年）**	**（没年）**
（1）菅原古人	天平勝宝2	750	819
（2）道長(古人長男)	天平勝宝8～天平宝字5	756～761	（＊1）
（3）清公(四男)（道真実祖父）	宝亀2	771	842
（4）清岡(五男)		772～775	（＊2）

(5) 清人(六男)		776～780 (＊3)	
(6) 善主(清公三男)	延暦21	802	852
(7) 是善(四男)(道真実父)	弘仁2	811	880
(8) 忠人(実子)			
(9) 興善(実子)			
(10) 菅原智泉(千恵子実子)(空海甥子)	延暦8	789	825
(11) 佐伯千恵子(智泉実母)(空海実姉)	宝亀4以前	773	
(12) 弘法大師・空海	宝亀5	774	835
(13) 菅原道真	承和12	845	903

(＊1)および(＊3)：(2)道長および(＊5)清人の生年は条件4により算出した。

(＊2)：(4)清岡の生年は系図(『系図纂要第七』)上において年齢が清公と清人の間にあることより想定した。

⑤表3—3智泉を子とした場合の親の結婚年齢一覧

		（歳）	（算出式）
（1）	道長	27～32	｛788-（761～756）＝27～32｝
（2）	清岡	13～16	｛788-（775～772）＝13～16｝
（3）	清人	8～12	｛788-（780～776）＝8～12｝
（4）	空海実姉・千恵子	15～	｛788-（773～　）＝15～｝

⑥表3—4古人、清公、道真の結婚年齢一覧表

		（歳）
（1）	古人	17～16
（2）	清公	29＞～16
（3）	道真	31＞～16

ここで、道真の初代・菅原古人《すがわらふるんと》が何歳で結婚したかについて試算してみた。表3—2（本録36頁に④表3—2生年没年一覧表として掲げた）において古人の四男は清公である。清公の生年は771年であり古人のそれは750年であることから古人は21歳（771－750＝21）の時第四子をもうけ

ていることがわかる。したがって第一子をもうけうる最大年齢は18歳である。これは着床年が17歳であることを意味する。この試算から古人は16～17歳で結婚したであろうと推定される。

つぎに、清公について試算した。31歳で三男善主が誕生、よって29歳もしくはそれ以下で結婚したと考えられる。さらに、道真について試算した。８７６年長男高視誕生年の記録が残されているところから、31歳もしくはそれ以下で結婚したと考えられる。以上を　表3―4〈38頁〉にまとめた。この表は当時の貴族階級の男性の通常結婚年齢がこの年齢近傍にあることを示唆している。表3―3〈38頁〉中の（3）清人の結婚年齢8～12歳は現実的でないので除外する。表3―3中の（1）道長の27～32歳および（2）清岡の16歳は表3―4にてらしていずれも可能性の高い現実性のある結婚年齢であるように思われる。よって千恵子15歳、清岡16歳の組み合わせ、ならびに千恵子15歳以上21～22歳、道長27～32歳の組み合わせは納得のいく組み合わせといえよう。とりわけ清岡16歳との組み合わせは現代にさえも通用する組み合わせと思えて不合理性をまったく感じさせない。よって智泉大徳の父が道長であれ、清岡であれ、両者はいずれにしても道真の実祖父・清公のそれぞれ実兄および実弟の間柄であるから〝菅原道真にとっては弘法大師・空海は義理の大叔父にあたると言える〟との結論に達する。弘仁元年（８１０）、智泉21歳の時、父・清岡ならば35～38歳で、または父・道長ならば49～54歳でそれぞれ亡くなったことになる。この後百日間喪に服した後入京、高尾山にある空海の室に入った（『弘法大師弟子譜』）のである。

《謝辞》
左記参考文献入手に際し、お三方にお世話になりました。ここに深甚の謝意を表します。
仏教大学(当時)　月本一武様
京都嵯峨藝術大学(当時)　淀川様
瀧宮天満宮　綾川宮司様

参考文献

『尊卑分脈　菅原氏』
『系図纂要　第七上　菅原氏　紀氏（1）』
『續群書類従　巻第百七十五　系図部七十菅原氏系図　系図部伴氏系図』
『瀧宮天満宮―神仏ご縁法要ご案内』香川県綾南町瀧宮天満宮綾川宮司発行
『りょうなん紀行』　香川県綾南町観光協会編集
『北野文叢　巻三十七　紀文部　菅原氏』
『北野文叢　巻五十四　藤原頼長日記（台記）久安二年六月十二日』

本稿作成作業の過程で疑問をいただいた事柄があるので下記「付言」にまとめた。この「付言」内容の理解のために疑問を抱かせる基となった資料《北野文叢　巻三十七　紀文部　菅原氏》の内容を参考としてまえもって先ず掲げておく。『《北野文叢巻三十七　紀文部　菅原氏》

平成14年（２００２）９月２日仏教大学の月本様より《北野文叢巻三十七》を立命館大学より取り寄せて頂いた。中立売小川在喫茶ブラジルにて拝受。

拝見と同時に驚いた記載が目に飛び込んで来た。この《北野文叢》は菅原氏の詳細系図である。この中の清公とその子、僧・興善の経歴欄にそれぞれ「承和元年入唐」と記録されている箇所がある。このことは清公と興善が親子で同時に入唐したことを窺わせるものでありそう解釈しても差し支えないものと考える。

一方、平成14年6月29日筆者が愚息に書置きとして遺した文書（8月5日~10日間米国ユタ州ソルトレークシテイにでかけるため）「筆者記　平成14年7月25日天神さんの縁日に」のなかで示した内容に以下のようなものがある。

『智泉大徳の父の名前を菅原家系図から特定した。その結果智泉の父の名前は菅原清岡または菅原道長らであることが判明した。

別件であるが、父の名特定の作業過程で面白い事を発見したのでついでに記述して置く。すなわち、もし清岡が智泉の父であるとするならば、その兄清公は伯父であるから甥子と共に遣唐使船の第二船と第一船とにそれぞれ別れて乗船出帆したことになる。この時伯父清公33歳、甥子智泉17歳であった。

〜〜〜中略〜〜〜

親族で遣唐使船に乗れるというのはおそらく相当名誉なことであったと思われる。《北野文叢》とこの筆者の文書のなかで「親族で遣唐使船に乗った」という内容が一致した点にまず驚かされたのである。と同時に、この一致は清公一代で二度もの名誉を得たことを窺わせるものであったから（清公経歴欄には「延暦二十四年（８０５）唐判官第二船伴傳教大師入唐」も記録されている）単独で二度は有っても親族で二度は有り得るだろうか。そう有り得るものでも無かろうと直感したことでもあった。そこで清公の二回目の入唐「承和元年（８３４）」のそれについてこの年が清公何才の時にあたるかを計算してみた。その結果は64才であったのである。この年の入唐は第13回目の遣唐使船であったのであるが実際出発したのは４年後の承和五年（８３８）七月五日であったから69才で乗船したことになる。ただでさえ危険極まりない出帆入唐である。しかも首尾よく現地に到着できたら続いて目的成就のために精力的に行動しなければならないであろう。そのためには強力な肉体と精神とを併せもっていなければならないと思われる。当時の69才という年齢の肉体的実態は入唐を果たし目的を達成し得るようなものではなかったと考えられるから清公の「承和元年」の入唐は許されたとは考えにくいと思われる。ちなみに、清公は出帆したとされる「承和五年」からわずか４年後の承和九年（８４２）十月十七日73才で亡くなっている。

一方、本《北野文叢》には清公の子興善は「僧、承和元年入唐、傳教大師弟子」と記されている。ここでさらに思うことは、傳教大師・最澄ほどの有名人の弟子が入唐したのであれば、菅家出身であればなおのこと、仏家関係の文書にその足跡が記録されていてもおかしくないと思われるが現時点での筆者手持ちの文献からは生年も没年さえも知ることが出来ない。また〝興善〟なる人物の名前を傳教大師弟子傳やその血脈譜に見いだすことができていない。何か不自然さを覚えざるを得ない。清公とその子興善の本文《北野文叢》の系図上の記録は「僧」であるという部分と「親子で入唐したであろうことを推測し得る記録の部分」を除いて子の〝興善〟という名前も、〝傳教大師弟子〟という記述も、さらに〝入唐年号〟も虚構のものであると思われる。〝興善〟を「智泉」、〝傳教大師弟子〟を「弘法大師弟子」そして〝承和元年（８３４）入唐〟を「延暦二十四年（８０５）入唐」と変更記述すれば虚構でなく史実となるのではないかと直感したのであった。伯父と甥子とで遣唐使船で入唐は菅家では依然として名誉なこととして語り継がれていたであろうことはそれほど間違った想像でもなかろう。

つぎに本文《北野文叢》の作成年代について考察する。

結論を先に述べれば菅原道真存命中はあり得ず没後（延喜三年（９０３）二月二十五日没）相当時代が上がった頃に作成されたものと考えられる。当時何らかの事情が存在したため故意に、または誤ってかも知れないが、言い伝えの内容そのものを変えてしまったか、あるいは言い伝えそのものが薄らいでいったか、またその正確な内容が経年と共に不明瞭になってしまったため改めて記述し直した結果本文《北野文叢》の内容に変わってしまったのではないだろうか。菅家系図に智泉／空海との血縁を記すことに何らかの不都合が存在したと考えたい。その不都合が空海の側にある原因に拠ったのか、菅家の側にある原因に拠ったのかは不明である。清公が第12回遣唐使船派遣で遣唐判官として最澄（後に傳教大師）を伴って入唐した事実に重点を置きたかったがための結果ではなかったかと想像する。

この結論に至った理由は以下の口伝を含む史実を知ればより一層首肯し得るというものである。

史実：最澄（弘仁十三年（８２２）六月四日没57歳）没後、貞観八年（８０６）七月十四日傳教大師の謚号を与えられる。空海（承和二年（８３５）三月二十一日没63歳）没後、延喜二十一年（９２１）十月二十七日　弘法大師の謚号を与えられる。空海没後〝受秘密灌頂〟という儀式を施すことをめぐって空海弟子らと最澄・傳教大師弟子らとの間で争いが続いたようである。空海が最澄に施したとか最澄が空海に施したとかという類いの争いであったらしい。両僧侶の健在中も両僧侶間で争いがあったとの史実が残されているようでもある。この争いの史実が本文《北野文叢》作成時点で系図書き込みに何らかの影響を与えたのではなかろうかと考える。傳教大師の謚号が与えられた貞観八年七月十四日以降に作成されていることは明白ではあるが、弘法大師のそれ延喜二十一年十月二十七日以降であった可能性も無いわけでは無い。

口伝：香川県綾川郡綾南町に滝宮天満宮という道真公を祭った神社が存在する。この神社は道真公の神託により創建された由緒のある神社である。この社地には神社となる以前は空海の開基とされる寺・龍灯院綾川寺《りゅうとういんりょうせんじ》が建てられていた場所である。この寺の初代住職は智泉大徳であり、ここの第五代空澄《くうちょう》〈(空澄) ＝ (空海＋最澄) から採用された名前であると筆者は思う〉の時菅原道真公は讃岐守として赴任してきた。そしてこの寺地の一角を官舎とした。仁和二年（８８６）四月のことであった。この寺が自分の伯父さん・智泉大徳に縁のある寺であることを道真公が認識していてこの寺の一角を官舎とすると言う行動をとったのではなかろうかと筆者は推察。人情として十分納得出来る行為行動である。』

（1）智泉大徳は菅原姓である。実在したことは最澄（傳教大師）の大徳宛の書簡『傳教大師消息』の存在からあきらか。また延暦二十四年（８０５）の第12回遣唐使船に叔父空海の随員として乗船した記録からもあきらか。それにもかかわらず、菅原家系図（『尊卑分脈』、『系図纂要』、『群書類従』『北野分纂』など）にその名前が記録されていない。何故記録されていないのかこの点が疑問である。ちなみにこの時の第三船には空海と智泉が、第四船には判官としての菅原清公と最澄が乗船していた。智泉にとっては二人のオジ、すなわち清公(父方の伯父)と空海（母方の叔父と共に渡唐出帆したことになる。これは菅原家にとっても佐伯家にとっても大変名誉なことであったであろうと思われる。

（2）『系図纂要』　第七上　菅原氏　紀氏（1)』

菅原氏系図のなかでは「菅原道長」が「菅原古人」の嫡男の位置に記録されている。道長は古人の末弟であるとするのが合理的であると思うが如何に。この点が疑問である。

（3）『北野文叢　巻三十七　紀文部　菅原氏』

と記録されている。

「菅原清公」「僧・興膳」父子それぞれの履歴欄記述のなかでそれぞれに「承和元年（834）入唐」と記録されている。このことは清公と興膳が親子で同時に入唐したことを窺わせるものであるが、清公の年齢を考慮すれば現実的でないように思うが如何に。この点が疑問である。さらに「傳教大師弟子」であるとも併記されている興膳についても疑問が残る。第12回遣唐判官として最澄（後の傳教大師）を伴って入唐した父・清公その人と共に第13回遣唐使船で入唐したと言うにしてはその足跡が残されていない。すくなくとも傳教大師弟子伝、弟子譜或いは血脈譜などには残されていてもおかしくない経歴の持ち主であるように思われるがこれらの中にも興膳の名前を見出すことができない。この現実が疑問である。「付言」了

第四章　古老よりの〝奇しきご縁〟伝聞（#）二点

一点目は、「東寺は阿刀家の私有地上に建立された（正確には阿刀家の寄進した土地上に建立された）」と言う伝聞について

丁未《ていび》の変《へん》（26頁参照）の後、奈良田原本から移住した580年頃秦氏の支援を受けて太秦広隆寺〜現阿刀神社周辺に移住したがその後変のホトボリが覚めた後、今京都市伏見区深草の城南宮辺りが当時蘆原《あしはら》の湿地帯であった頃の場所に蘆屋を組んで隠れ住んでここを本貫とした。19代一足《ひとたり》の時である。阿刀家の現本籍地九条町410番地（＊4）（現東寺敷地に隣接）の辺りの地は770年頃にはすでに阿刀家の土地となっていたらしい。この番地は東寺建立と同時に東寺敷地の表鬼門に当たる位置に存した。その土地の広さは、三百三十有余町歩。八条通以南、葛野大路通以東、桂川（葛野川）東岸以東、鴨川西岸以西の四沿線に囲まれたそれとなっていた。さらに天平寳字八年（764）藤原仲麻呂（恵美押勝）の乱後辞職して奈良を去り山代（背）の両親の居住地・深草の本貫の許へ帰養した阿刀雄足はこの敷地をさらに鴨川東岸以東、東山山麓以西の領域にまで広げ増やしたようである。当然ながら当時は妻問婚が一般的であった時代であったから、真魚《まな》・空海もこの風習に準じ、宝亀五年（774）母・阿古の実家で誕生する。9歳までこの地に育ち、延暦元年（782）この家から奈

良の都へ阿刀大足に連れられ巣立つ。

その後、弘仁十四年（８２２）嵯峨天皇からこの地に建立された東寺を授かり古巣に戻って来る。そして、東山山麓一帯の一部分の敷地あたりに雄足が７７０年頃建てて持っていた庵・別邸（＊7）を大足から借り受け別荘がわりに使用していたが、その地から眼下に東寺を見ながら研鑽の日日を送りつつ、ここから東寺に出勤していたと。

これは〝奇しきご縁〟と言う外《ほか》ないのではないか？

ところで、ここで、阿刀家が寄進した土地の広さについて考えてみたい。

山背盆地を整地してこの地に都を造り奈良の都の桓武天皇様をお迎えしたいと真面目に念願した人がいた。

始皇帝後裔族太秦頭領氏宗家《うずまさずりょううじそうけ》直系十五代秦河勝の玄孫の子秦忌寸朝元《あさもと》である。『朝元は天平年間に遣唐使となり入唐して玄宗皇帝に厚遇された』（水谷千秋著「謎の渡来人　秦氏」文春新書　２００９年12月20日発行１３３〜１３４頁）経歴の持ち主である。朝元の娘は長岡京造営長官藤原種継の母である。また秦忌寸島麻呂の娘は平安京造営長官藤原小黒麻呂の妻である。くわえて、京造営小工秦忌寸都岐麻呂も建築責任者次官として造都に関わった。秦氏は一族郎党で桓武天皇をお迎えする造営行政を陰で支えたのである。山背（代）の地は敏達朝期にはほとんど秦氏宗家の司政下にあった。阿刀家が支援を仰いだ時受け入れてくれたのもそんな態勢が整っていたからである。

この氏の司政は延暦二年（７８３）頃まで存続していたようである。この年発せられた『私に仏寺を造りまた寺有とするための田宅寄進売買をすることを禁止する』令は氏にとっては首記念願の実現化を早く進めたいとの想いを増幅させる起爆剤となったのではないかと考える。〝私ではなく〟公／国への寄進ならばこの令に抵触しないという読みが氏にはあったのであろう．この頃の山背（代）国盆地の所有権者状況（＊８）はおおまかには八条通以北は秦氏、以南は阿刀であったが、条里制 施行用土地の必要面積からすると阿刀の所有地にかぶることが判明したため宗家秦氏は「自分もそうしようと考えているので阿刀も協力してくれないか」と土地の国への寄進の打診をはかったのである。これを受けた当時の阿刀家当主雄足は、〝今日今阿刀家が存在しえているのはご宗家のおかげでありますす。今こそご恩に報いる時です〟と言ったはずである。こうして雄足は東寺と今は史跡跡地となっている地に建立される予定の西寺とを建立するに必要な敷地の寄進をなしたのである。すなわち八条通南北心線以南、九条通南北心線以北、桂川（はじめ、葛野川）東面該沿岸線東西心線以東鴨川西面沿岸線東西心線以西の四沿線で囲まれた 区画部分である。

①この寄進によって所有地は三百三十有余町(丁)歩（約110万坪）から、百町歩弱（約42万坪）となっていた（九条通以南、桂(葛野)川以東、および鴨川沿岸以西の三沿線で囲まれる地積）。この伝聞内容についての信憑性について、後日、検証した。結果を第六章（86～105頁）に述べた。

②条里制施行により配置された都の守り・羅城門の中心点は、施行前の旧阿刀家居宅表鬼門位(方位)

線上に在った。条里制施行後に〝羅城門〟となった。前は秦氏本宗家河勝の御殿の出入門であった。

③ 阿刀家極位従五位下に除せられていた阿刀大足（雄足）屋敷は城内に与えられた。その位置は、大宮通と八条通との交点を表鬼門にもつ地積を形成させる配置位置にあった。この地積は一町歩余（4727坪）。この地積が、この後弘仁十四年（823）から弘安二年（1279）間、東寺執行屋敷となった。ちなみに、公安二年以降から室町時代のある時期までの執行の地積は一町歩（約3087坪）。

蛇足ながら、当初の執行阿刀家、旧阿刀家の表鬼門を結ぶ鬼門位線上には羅城門の中心点がある。平安京の守り・羅城門の真北に平安京の大内裏がある。この大内裏は秦氏本宗家の御殿の在った場所に充《あた》る。

二点目は、「菅原道真の実祖父・清公《きよきみ》は延暦十七年（798）28歳の時阿刀家私有の敷地内に邸宅を新築した（阿刀家私有地を購入し邸宅を新築した）。」と言う伝聞について。

東寺の敷地南西角地点から徒歩で九条通を1キロ余り西進、そこから1キロ弱南進、所要時間15分程度の位置に「吉祥院天満宮」が現存する。この場所は従五位下菅原清公の邸宅のあった場所であり、また道真《みちざね》公の生誕地でもある。ちなみに、当時、阿刀雄足は70歳、空海は25歳。清公と雄足は敷地境界を作る背丈の高くない垣根越しに顔を合わせ会釈から始まってよもやま話に花を咲かせていたかも知れない。外孫空海の自慢話をとくとくとし続ける雄足老人の姿が目に浮かぶ。その話に閉口する清公の姿もまた目に浮かぶ。そんな想像も許されそうな風景がそこにはあったのではなかろうか。この風景を見た6年後、延暦二十五年（８０６）の第12回遣唐使船に34歳の清公が判官として、31歳の空海が留学僧として共に乗船してくるのである。この船団には38歳の正式学問僧最澄が同船していた。もっとも清公は最澄と同船であったのであるが、この情報を雄足が垣根越しの会話として清公から聞くことはなかった。延暦二十四年（８０５）外孫空海の活躍を見ぬまま77歳で寂滅したからである。この話はやはり〝奇しきご縁〟が有ったからこそ語り得るのではないか？

（追記）

①　菅原清公は6人兄弟の4番目、

②　5番目に清岡と言う弟がいた。

③　清岡は空海の姉・千恵子と結婚。（＊9）

④　二人《ふたり》の間に智泉が生まれた。清公の甥子である。空海の甥子でもある。

⑤　智泉は第12回遣唐使船に空海の随員として伯父・清公と共に乗船、この時17歳、後に空海法弟一番弟子となる。（讃岐うどんを広めた由）。

（A）菅原道真の実孫・淳祐（大津石山寺再興の祖〈平成十四年（２００２）で開基１２５０年〉は真言宗の醍醐寺僧　観賢の弟子

(B)観賢は醍醐天皇の覚えめでたく祖師空海に大師号を頂きたいと請願して許可された僧、

(C)延喜二十一年(921)十月二十七日、観賢(68歳)は淳祐(32歳)と阿刀家30代法橋《ほうきょう》大威儀師《だいいぎし》・仁勢(58歳)を伴って勅使と共に高野山奥の院に大師号下賜の報告(この時、分与された着衣遺品・大師袈裟《けさ》・『糞掃衣断片《ふんぞうえだんぺん》』は、現在京都国立博物館に筆者名義で寄託中)

(D)道真公実孫・淳祐は聖武天皇によって僧にさせられた良弁が天平宝字五年(761)に開いた石山寺の僧となった。ここで書写した聖教《しょうぎょう》は「薫聖教《においのしょうぎょう》」と言われ、奥の院開扉時に淳祐に染み付いた大師の芳《かぐ》わしい匂いがこの聖教にも染み移ったところから名付けられた由。

(E)空海の母の父阿刀雄足(33歳)は石山寺の開基時〝造石山寺所別当〟として赴任、任務についた。

以上、(E)項をのぞいて時系列的に人名とその業行為を略述した。

①~⑤では清公と雄足の接近から始まり、空海と智泉の関係で菅家と空海家/阿刀家とが血縁関係にあることを知り、(A)~(E)では淳祐と阿刀仁勢の接近から始まり、淳祐の書写を通しての空海とのつながりを知り、雄足の関係した石山寺を淳祐が再興したことも知った。この事実はなんだろう!これも〝奇しきご縁〟ではないだろうか?偶然では済まされないようなヒト同士の接近、これは目には見えない赤い糸(血脈)でのつながりがなせる業《ごう》なのか?〝奇しきご縁〟とはそのような意味合いを持つ言葉なのかも知れない。

以上、二点の古老よりの伝聞を基にして想いを馳せたわけであるがこれらの伝聞には特に二点目のそれには蓋然性があり、その内容には相当の信憑性が認められると筆者は思う。

当代〈筆者〉は〃奇しきご縁〃伝承内容の一部を変更する。

本録19頁に記した〃右大臣真備《まきび》様はお孫様を介してご祝儀をお届くだされたと。〃を〃右大臣吉備真備様はご子息・魚養《ななかい》様を介してご祝儀をお届くだされたと。〃に確信をもって変更する。

真備様がご子息・朝野魚養《あさののななかい》卿を介して阿刀にご祝儀をお届けくだされた。」と言う伝聞について。

後代はかならず飯島太千雄著『若き空海の実像』（大法輪閣）２７０～２８９頁〈朝野魚養と玄昉〉を読むべし。当代はその証明の基準となる資料選定の先見性は著者の稀有な才能によってもたらされる先天的感性から表出されるものであると感覚するので、くわえて、その資料／史料をもちいて正確な結論を導かれる論法にも非のうち所がないことをも認めることができるので絶対的信頼を著者におくものである。よって、当代としては引継ぎ伝聞を首記のごとく変更して後代につなぎ渡すことにするときめたのである。

著者によって検証済みの〃空海の書法形成の師は朝野魚養である〃は真魚・空海が魚養卿に出会う運命を背負ってこの世に生まれてきたことを裏付けていると思う。真魚・空海の母の父・雄足のもとにご祝儀を届けてくれた魚養卿は雄足とは年齢差２～３歳しか違わない東大寺写経所職員時代の今毛人傘下の同僚で顔見知りの間柄であったはずであるから、その後、雄足が真魚の書法の形成を魚養に託したであろうことは容易に推察できる。

真魚・空海は〝出会う運命を背負ってこの世に生を受けた〟のである。おそらくこれはこの事実は著者の検証結果の正しさを証明したと同時に、またわが阿刀家の伝聞の正しさをも補完したことにつながる史料となりえよう。思うに真備様はおそらく玄昉とのつながりで当家にお心遣いをくだされたのであろうし、そのご子息・魚養様も御父君と玄昉とのつながりから法弟・善覚となられたのであろうし、空海もまちがいなく玄昉一族であることによって魚養様とのつながりをえて魚養様から書の基本について指導を仰いだのであろう。魚養様が書法形成の師であったと伝えられてきた事柄（伝承事項）は忠実に後に続く者に伝え継ぐのは当然である。著者の検証論述は論旨明快である。

この繋がりを〝奇しき〟ご縁といわずして外《ほか》になんといえようか？

第五章　系図に関する伝承事項についての所見

伝承事項：《大足《おおたり》は空海の父・田公《たぎみ》の実弟である》は誤りである。これについては【佐伯今毛人の策謀である】ことを述べた（33頁）。

《大足は空海の母・阿古《あこ》の父・雄足の実弟である》が正しい。

記具は毛筆であったと考えられる。「乃」の字を書いていく過程で崩し書きした際、筆順はまったく異なるけれども、その結果として残る文字の残像（形状）が「方」と見えるように書かれてしまう可能性がある。「乃」の字は「の」と読めるので、本来〝母のオジ〟であったものが〝母乃オジ〟となり〝母方オジ〟〝母方のオジ〟と読まれたのではないか？　このような読み違いや誤解による誤記はママあることである。〝母のオジ〟であったのであるから、すなわちこれは〝母の父・雄足の兄弟〟と言うことになる。この場合⑦図—5系図中の三男・阿刀大足に充当する。

（一寸一言）この項に関連することでいっておきたいことがある。

大足の少青年時代当時の讃岐において、知識を得るための情報源・書籍類などが調えられうるほど勉学に優位な良い環境が存在していたであろうか？　もっともこの話は大足が該当時代讃岐に住んでいた！　と仮定しての話であるが、国学受験のためとは言え、勉学に便利な都に留まらずに讃岐に下るなぞは、考えにくい行動である。都で十分な受験勉強を積んで、受験に臨んだはずである。『空海の父方佐伯直家については史料も残されているようで家系を追認し得るのに反し、生母の里方についてのそれは現在も依然として殆ど無く、追認し得ない状況にある。何故か？』について第三章②（32〜33頁参照）において論述した。言われている程の高い教養を当時の該地で身につけ得たかといえば、それははなはだ疑問といはなければならない。

ところで、空海が生まれ育った場所については諸説あるようであるが、讃岐でもなく、大和奈良でもなく、山背の雄足の家〈47頁参照〉、正確には雄足不在（奈良へ赴任中のため）の京都本貫・山代の家—大足‐彩夫婦、空海の母・阿古および雄足の妻が生活している家—であった。この母の生家で9歳まで育てられた。この間、3〜5（776〜778）歳頃、阿刀大足に英才教育をほどこされたのである。ちなみに大足は天応元年（781）暮れ従五位下に叙され、明けて延暦元年（782）39歳の時桓武天皇第三皇子伊予親王（この時3歳）の家庭教師にめされて奈良へ上る（＊10）。この時9歳になっていた真魚は大足に連れられ山背を離れ奈良の都の大足の官舎に投宿、受験勉強を始める。その官舎が何処にあったかは不明の由。当然ながら阿刀大足は雄足の実弟であるからここ本貫で生まれた。空海『三教指帰』序文には「余、志学にして外氏阿二千石文学の舅—」とある。ここでの〝二千石〟から以下のことが読み取れる。すなわち、石高は本来官僚の地位の格付けの俸給の禄高をあらわすのに用いられるが、試みに、二千石を本貫の地積値に置き換えてみる。そうすると42町歩となる。

本貫（B点）（75頁参照）地積値は52・4町歩であるからこの値は二千五百石に相当することになる。両石高の近似はB点が本貫であるらしいという確からしさを示唆していると筆者は見ている。ちなみに二千石は42町歩（＝５０００俵＝５００反＝１５１、２５（坪）＝42町歩）であり、本貫の実際の地積値は二千五百石で、52・4町歩である。

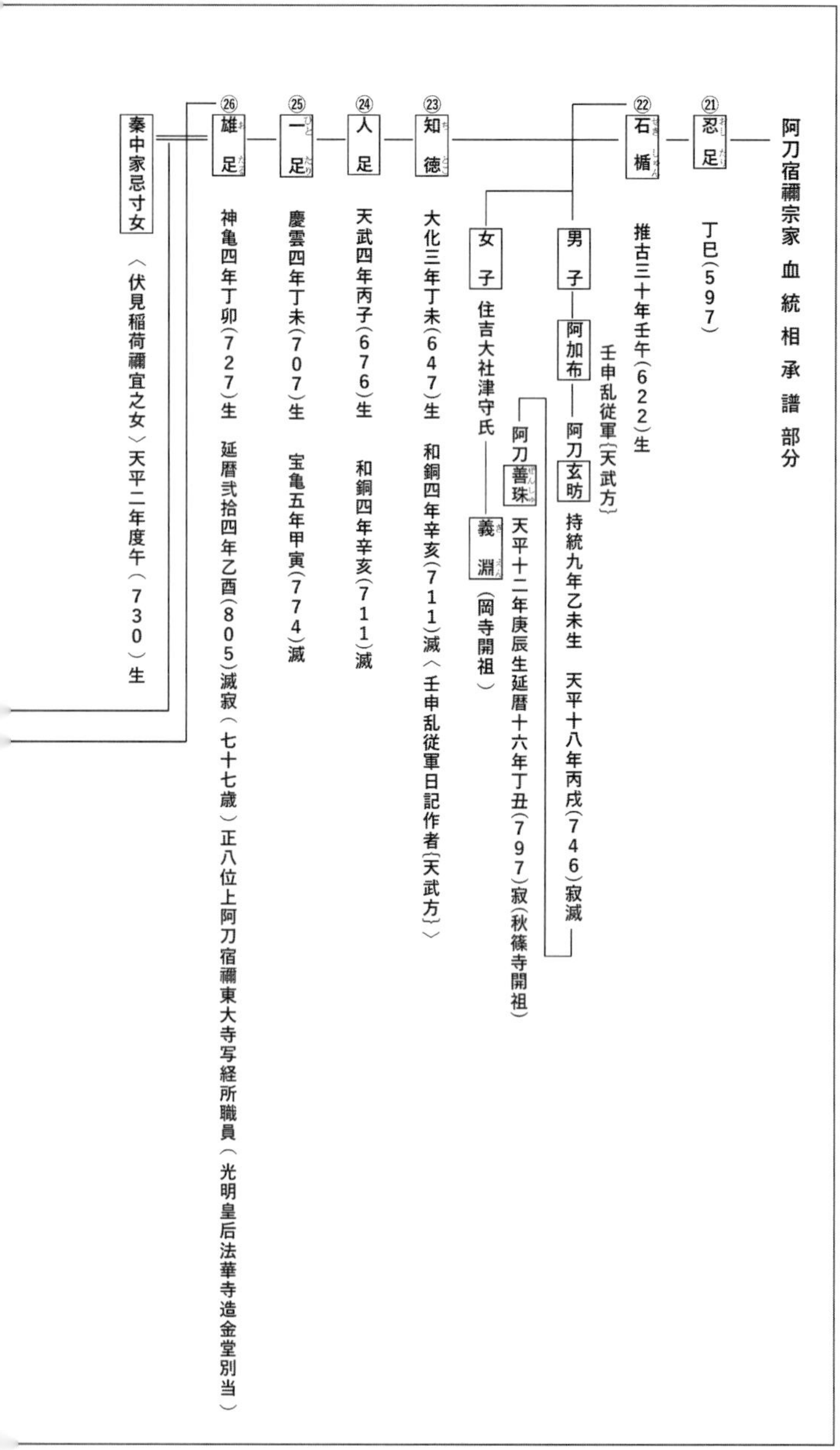

⑦図5　㉖代阿刀雄足関連系図

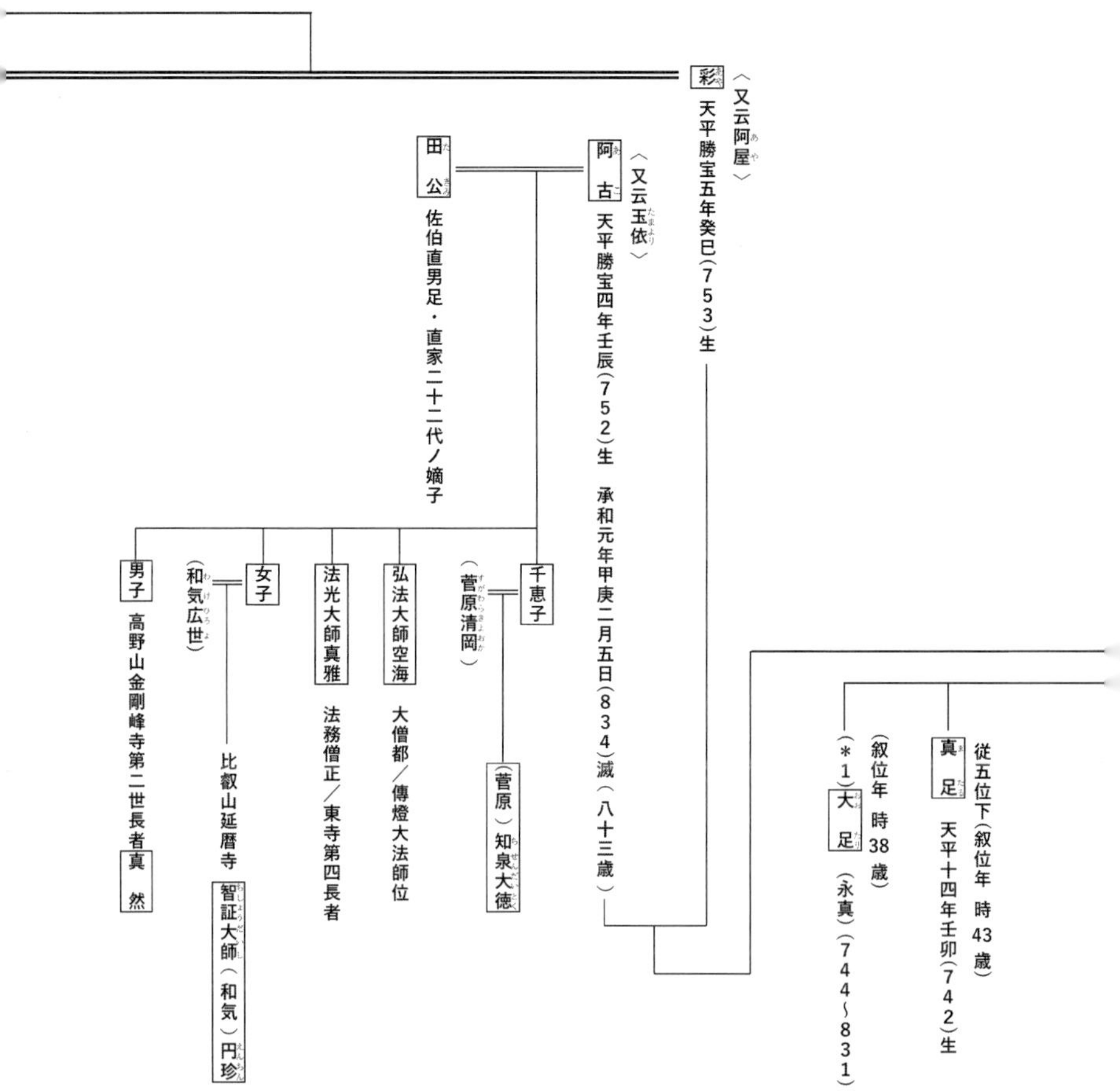
真《ま》足《たる》
従五位下（叙位年　時43歳）
天平十四年壬卯（742）生
（＊1）大《おお》足《たり》
（叙位年　時38歳）
（永真）（744～831）
彩《あや》
〈又云阿《あ》屋《や》〉
天平勝宝五年癸巳（753）生
阿《あ》古《こ》
〈又云玉依《たまより》〉
天平勝宝四年壬辰（752）生　承和元年甲庚二月五日（834）滅（八十三歳）
田《た》公《きみ》
佐伯直男足・直家二十二代ノ嫡子
千恵子
（菅原清岡《すがわらきよおか》）
（菅原）知泉大徳《ちせんだいとく》
弘法大師空海
大僧都／傳燈大法師位
法光大師真雅
法務僧正／東寺第四長者
女子
（和《わ》気《け》広《ひろ》世《よ》）
比叡山延暦寺
智証大師《ちしょうだいし》（和気）円珍《えんちん》
男子
高野山金剛峰寺第二世長者
真　然

㉗
大《おお》足《たり》

従五位下阿刀宿禰大足弘信卿
天平十六年甲申（７４４）生　天長八年辛亥八月弐拾弐日（８３１）寂
（*１）阿刀宿祢雄足之実弟・阿刀家之入婿・〝彩〟ノ夫
〈桓武天皇第三皇子・伊予親王ノ侍講〉〈東寺執行初代・永真トナル〉

㉗
永真

（東寺《とうじ》執行《しぎょう》初代）傳燈大法師位／阿刀宿禰大足弘信執行就任時弘仁十三年（８２２）（七十九歳）

㉘
真果

傳燈大法師位／阿刀宿禰小足弘道　又云安道／弘仁三年（８１２）受灌頂　貞観十七年（８７５）己未八月二十六日寂（九十一歳）

元忠

元慶元年（８７７）寂（九十歳）

高野山麓　慈尊院（初代別当）　後代阿刀氏中橋家を名乗る

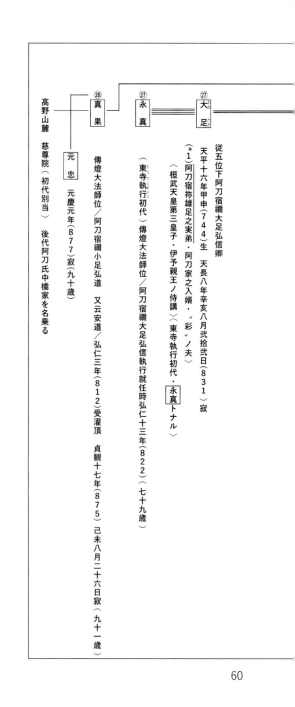

弘法大師の地盤《じば》
真言宗政所　東寺執行家―入口立札の転載―。
東寺執行家は弘仁十四年から明治四年まで、壱千四拾八年の間、真言宗の政所であった。そしてこの政所の宰主は、阿刀家であって、歴代世襲職であった。
阿刀家は、弘法大師の生母の里方である。阿刀家世襲のこの政所は、弘法大師の母の叔父で阿刀家の女婿となった、阿刀大足の時、はじめられたものである。境内にある石上布留社は、阿刀家の齊壇である。相殿は阿刀大神である。小祠には三輪、伊勢、賀茂、石清水、二天夜刃、役氏小角、稲荷、弄鈴、王仁、空海大神がある。また境内にあるナミキリ不動明王は、弘法大師のお地盤の明王と云はれ、四国路、東寺、高野山などの霊地に参りても、ここ弘法大師のお地盤の明王に参らざれば、御りやくが頂けないのだと云って、有名である。所蔵品には、阿刀家宝蔵、鉄塔経蔵、針小路文庫がある。何れも学界に知られている。尚、ここには、明治維新以来、大和国一宮三輪社の神道と、三輪山の山伏宗が、継受相続されていて、三輪山御輪寺の寺号も、三輪山平等寺の寺号も、保全されている。

京都市

（＊4）この項は記載割愛ゆえ空白。
（＊5）六世紀初頭聖徳太子の時代秦氏の第一の本拠地は太秦、第二の本拠地は紀伊郡であった。七世紀後半には阿刀家のここの地は秦氏の第二の本拠地に属していた。ここに、阿刀雄足が誕生した神亀六年（722）当時、すでに、すくなくとも三百三十有余町歩の土地があった、と。

（＊6）東寺の創建は延暦十五年（796）である。延暦十二年（793）建設が開始されたとして、誕生時点で存在していたらしいと言う面積三百三十有余町歩の土地はこの時点（雄足65歳）でもここ東寺敷地配置予定地に存在していたであろうと言う前提のもと阿刀家が東寺および国に寄進した寺地および土地の敷地面積（地積）を算出してみた。この算出は74頁⑩地図5―3『（東寺境内地図）「週刊古寺を巡る」3東寺　2007・20　小学館発行』）よりスケールアップして算出した。結果：東寺の敷地面積＝20980・5坪、執行屋敷面積＝6311坪。さらに、国への寄進前当家面積は（ア）区画＝182・8町＋雄足の相続分330町＋京都東山山麓別荘64町の総計578・8町歩である（この推測計算は80頁③に示したので参照されたい）。よって、東寺への寄進割合は僅か1パーセントにすぎないことを推算できまた国への寄進割合は31・48パーセントであることも同時に判るのである。

（＊7）阿刀大足は弘仁十四年（823）79歳で東寺執行初代に就任、天長八年（831）8月22日87歳で寂滅した。空海が別荘がわりに使用していた東山の雄足の別邸は、大足没後、一周忌法要を了して後阿刀雄足、大足の墓所となったとのことであるが右大臣藤原緒嗣公に引き継がれた。緒嗣公没後は斉衡二年（855）藤原良房公に引き継がれたとのことである。

（＊8）山背国盆地の土地所有権者状況
『古代豪族と朝鮮』井上満郎　（新人物往来社　一九九一年）

「渡来人と平安京」秦氏の平安京とその周辺での居住の仕方と言うのは、平安時代になりましてからもいくつも史料がございます。たとえば葛野郡班田図についてですがこれは八二八年の班田収受（#弘敬注記）の時につくられた地図と推定されています。一見したところではおもしろくも何ともないものですけれども、現在嵐山の渡月橋周辺の土地を、誰が耕作し、誰が所有しているのかと言う名前が、かなり書き込まれており、ご覧になりますと秦の某と言う名前が非常に多いことにお気付きになります。集計してみますと、そこの土地の所有者、耕作者の約七〇パーセントが秦氏であります。秦氏の居住の濃密なことを非常に良く示しておりますし、私がしょっちゅう使う史料です。といいますのは、先程申し上げましたように日本の氏族は皇別・神別・諸蕃とこの三つに分かれます。この三つは『新撰姓氏録』では各々三三五氏・四〇四氏・三二六氏でほぼ一対一対一の比率になります。したがって、葛野郡班田図に描かれた嵯峨野地域の中も、その比率で考えますと、秦氏はたかだか三〇パーセント代であるべきなのに七〇パーセント、すなわち秦氏はその皇別・神別・諸蕃における諸蕃の二倍以上の割合で分布しています。嵯峨野、太秦、さらには平安京の周辺地域には秦氏の居住がいかに濃密かと言うことがここからもわかるわけです。平安京と渡来人との 関わりと言うものを示す大変有力な材料であろうかと私は考えております。

（#筆者注記）八二八年は空海が綜芸種智院《しゅげいしゅちいん》を創立した天長五年である。この時、東山の阿刀雄足の別邸の借家人は空海（55歳）、所有権者は阿刀大足（84歳）であった。

『古代豪族と朝鮮』森　浩一　（新人物往来社　一九九一年）

「考古学からみた渡来文化」七世紀の話にします。広隆寺には秦　河勝の彫刻がありますが、この秦氏は渡来であろうと、日本系であろうと、それを問わず日本最大の氏集団とみてよいでしょう。その次ぐらいが物部かと思いますけれども、圧倒的な大きさを示しています。大伴とか中臣とか蘇我とかいろいろな氏を考えても、大きさが違うと思うのが秦氏であります。その秦氏の全国の根拠地が京都の嵯峨野ですね。だから嵯峨野だけは、秦氏の秦のところへさらに「太」と言う字を付けて、太秦（うずまさ）と読ませている。現在、映画村のあるところです。あそこが秦氏の根拠地です。但し、屋敷そのものは平安京の大極殿のところにあったと言う伝承も残っていますから、嵯峨野はお墓地帯で、居住地の中心は平安京のどまんなかに近かったかもしれません。

（＊9）『瀧宮天満宮―神仏ご縁法要ご案内―』香川県綾南町瀧宮天満宮発行

（＊10）延暦元年（７８２）大足昇殿時、伊予親王御年3歳。真魚・空海9歳

（6）伝承事項　この項削除

（7）今毛人の改名動機は〝玄昉の死〟に在ったそうである。死を知らされ大層悲しみ、喪に服す気持を1年間程持ち続けた後心機一転雄雄しく〝若子《わかこ》〟から〝今毛人《いまえみし》〟に改名したと伝わる。

（8）阿刀大足の昇殿位獲得に佐伯宿禰今毛人が深く関わり奔走したと。大足は38歳になって従五位

下に叙せられたが、今毛人は自分の人脈を使って大足の昇殿最下位・従五位下を実現させた。

その際の叙位願いが今上陛下・光仁に届けられるまでの人脈について伝えられているところを示す。

《今毛人―家持《やかもち》―市原王―能登内親王《のとないしんのう》（市原王妃／桓武異母妹）―桓武―光仁》

佐伯宿禰今毛人は大伴家持との年齢差一、二歳だったようで〝三つ違いの兄様〟（佐伯家は大伴氏から分かれた氏族である）として親戚同様の親しさをもって家持と交流していた。但し今毛人は造東大寺長官時に左大弁であったので、左中弁の家持の上司であった時があったのであるが、この時でさえ、温厚で控えめな今毛人は、礼節をわきまえて《長幼の序《ちょうようのじょ》》よろしく、これを貫いて家持のお気に入りの〝弟〟となっていた。市原王と妃はご夫妻で万葉集作歌・家持に深く心酔しておられた。さらに、今毛人は聖武天皇に信任厚く重用され、以降の天皇方にも気に入られたが、とりわけ桓武天皇には、第三皇子・伊予親王の家庭教師の選定を依頼されるほどの信任を得ていたと伝えられている。

今毛人は桓武天皇の依頼を契機として阿刀大足の昇殿位獲得に関わった。仲人を引き受けた関係で品行方正かつ学識秀逸な大足であることを承知していた今毛人は彼こそ親王の侍講として適任であると考えたからである。ちなみに京都阿刀家の〝極位〟は従五位下。雄足は東大寺写経所で職員として今毛人の下で働いていたが何故か藤原仲麻呂卿の屋敷にも出入りが許されていたらしく、その屋敷内で公務以外の仲麻呂卿個人の私的事務もこなしていたとのことである。つまり、二足の草鞋《わらじ》を履いていたことになるのである。天平宝字八年（７６４）の仲麻呂(恵美押勝《えみのおしかつ》)卿の乱と同時に、この年霜月、自らの意思にて辞職して山背（山代）の家族の許へ帰養《きょう》した。この時年齢36歳。位階正八位上。

〝更迭《こうてつ》〟はなく『希望辞職』であったと。

聖武天皇正妃光明皇后は藤原仲麻呂卿の叔母に当たる人であるが、皇后のボーイフレンドが唐帰りの阿刀玄昉であったこと(この話は公知『續日本後記』参照)が、仲麻呂卿の心の裡に〝玄昉命〟を標榜する原因をもたらしたことは事実らしい。そんなお方であったから藤原仲麻呂卿は唐風施政に心酔された。佐伯今毛人から雄足が「阿刀玄昉」の一族であることを知らされて、採用の真意は定かではないが雄足を自分の手許に置いてみたいとお考えになり好意的に取り立ててくだされたのではないかと語られている。

《当代所見》

極位従五位下の阿刀家の子弟としては年齢を考慮するといささか遅い昇進である。ノンキャリヤー組であった可能性を残す。あるいは大学在学中もしくは大学入学以前に結婚、子持ちで卒業して、就職した可能性も残す。いずれの可能性もが昇進には足枷《あしかせ》と成りかねないのはいつの世も同じであろう。

雄足の生年神亀四年丁卯（７２７）と長女阿古の生年天平勝寶四年壬申（７５２）から算出すると、雄足24歳の時第1子誕生と言うことになるので卒業後のことになると考えられるから後者の可能性は無いことになる。そう考えると、ノンキャリヤー組。これはコネクション入舎と言うことになる。

『壬申の乱従軍日誌』(『阿刀知徳日記《あとのちとこにっき》』とも称される）の著者・23代知徳《ちとこ》ないしは光明皇后とのスキ

ヤンダルが『續日本後紀』にまで記録された僧正・玄昉といった一族の血統を利用してのコネ入舎であった可能性をうかがわせる。乱がなければ、〝位子／陰位の特権〟を利用して極位従五位下まで昇進したかも知れない？

当代親族・先代実弟はかつて今毛人に利用された可能性を示唆した。

「仲麻呂側の情報入手に雄足を潜伏させるために、余り高い位階は意識して与えず、低位階の範囲で拾いうる情報の入手を目論んだと考えられる。目論み達成に雄足を利用したわけである。」と。この示唆は信憑性が高いと思う。今毛人は、石上宅嗣《いそのかみのやかつぐ》、大伴家持《おおとものやかもち》らと共に仲麻呂卿の暗殺を企てた歴史事実があるが彼らのこの企ては成功せず、今毛人は九州に左遷された形跡がある。この暗殺計画実行のための情報収集に阿刀雄足を仲麻呂卿の懐にもぐりこませる手立てを考える可能性はあり得ることである。

（＊1）式内　阿刀神社（添付資料2⑤）〈189頁〉

―入口立札の転載―

式内阿刀神社は阿刀家の祖霊社である。

阿刀家は此処で布留社（＊あ）の鎮魂傳を相承していた。

また阿刀家は此処で天照太神の木像を祭っていた。

昔はこの社から東の方を嵯峨野と云った。

後水尾天皇　此処に在った燈象庵に行幸の時
阿刀栄元に

虫の音も長き夜飽かぬ故郷に
　なお思ひ添ふ松風ぞ吹く

との色紙を下した。

阿刀家は弘法大師の生母の里方である。

弘法大師は三教指帰の初稿を此処で書いたと云われている。

阿刀家は弘仁十四年正月真言宗の執行職として東寺に移ったが嵯峨との交渉は変わらなかった。

角倉了以の家も清原国賢の家も阿刀家と親族であった。

この三家の関係は近世嵯峨文化の基源を成したと云われている。

京　都　市

（＊あ）この阿刀神社は、この地に、その当時、当家守護神・氏神として大和奈良石上神宮から勧請されたのであるが、その勧請年は〝平安京遷都時もしくは造営時〟であるとしている（京都の歴史　１　平安の新京　学藝書林　昭和51年11月30日　第7刷発行　３１１頁）。しかしわが阿刀家はこの主張に賛同できない。当家は敏達朝５８０年頃起こされた丁未の役後、19代阿刀一足の時大和奈良磯城郡田原本町からこの地へ逃れた。したがってこの頃にはすでにこの地に勧請されていたと考える。ちなみに『羅城門』の中心点を通る真西北線（天門位線）が、現新丸太町通りから細い道一本南寄りへ入る位置、今三条通南北心と交わる点上に「阿刀神社」はある。

ここに、「阿刀神社」以外に羅城門を中心として鬼門位、天門位線上には以下の施設が現在もあることを付け加える。（地図５―１～同５―３参照）〈72～74頁〉

この事実は平安京施行前に阿刀家が該地に存在していたことを物語っている。

㋐〈鬼門位〉　元東寺執行家《もとどうじしぎょうけ》　石上神社《いそのかみじんじゃ》（執行内在）
㋑〈天門位〉　阿刀神社
㋒〈裏鬼門位〉　旧阿刀屋敷　吉祥院天満宮《きっしょういんてんまんぐう》
㋓〈鬼門位〉　岡崎神社

桓武天皇は遷都後延暦二十三年（８０４）奈良の石上神宮の武器庫（神庫）をのべ15万7千余人もの工人を使って、京都の阿刀神社裏地（おそらく、現大覚寺（旧嵯峨御所）周辺かと思われる）に移転せしめられた。その後、疫病その他諸事件などが発生したため、これを移転の祟りととらえられ、ふたたび神庫を石上神宮へ戻されたという事件があった（續日本後紀）。

（＊い）後水尾天皇はここ阿刀神社が石上神宮の御神霊をいただいている神社であることをご承知であったから、そのうえで神宮遷座地の「布留里《ふるさと》」に想いを馳せられ「故郷《ふるさと》」とお詠みになられたのだと推察する。

（付記１˙）今回の検証結果とこれに至る内容は『京都の歴史　１　平安の新京學藝書林　昭和55年11月30日　第7刷　発行』に記載された該当解説（通説）とは、まったく異なるそれである。著者先学の論考内容は諸文献学、考古学などに基づいて科学的に分析されたと推察できる内容となっている。このこと承知の上で、あえて、口伝伝承の内容の信憑性の検証をおこなったのである。非科学的と非難されようとも、口伝伝承を捨象も無視もすることが出来ないというのが筆者の置かれている立場である。

（付記２˙）（⑧地図５—１）（72頁）および（⑪地図５—４）（75頁）〝羅城門〟の位置について、この地図上の位置は間違いである。東寺の南面敷地境界線と同位東西線上にあるからである。実際は、当時は、この東寺の南面境界線以南から十二丈（約36・３メートル）隔たった東西線上に九条通の南面幅境界線はあった。

したがって、平安京城郭の南面敷地境界線は九条通の南面境界線となっていたのである。この境界線から外(以南)へ向けて幅（厚み）六尺（約、1・8メートル）の壁（土塀）で囲まれていたので、羅城門中心点は、すくなくとも、東寺の南面境界線から十二丈三尺（約37メートル）南に下がった東西線上に在ることになるはずだからである（『平安通志』）。

よって(地図5-1)上の「阿刀屋敷」「羅城門」および「吉祥院天満宮」それぞれの鬼門位は、同位方位角で一直線上にほぼ重なることになる。

ちなみに、当時の吉祥院天満宮（当時菅原清公別邸）の敷地は、現地図上のそれではなくこれを中心にしたより広範なそれであり、地図上に印した○位置を鬼門位とする該地籍を形成する配置の敷地となっていたと想像する。この想像は〝平安京は鬼門の風習に誠実に則り布かれた平城京の条里制をほとんどそのまま採用した平城京より少し縦長の城郭に囲まれた都である〟と主張する筆者には許される想像であると思う。

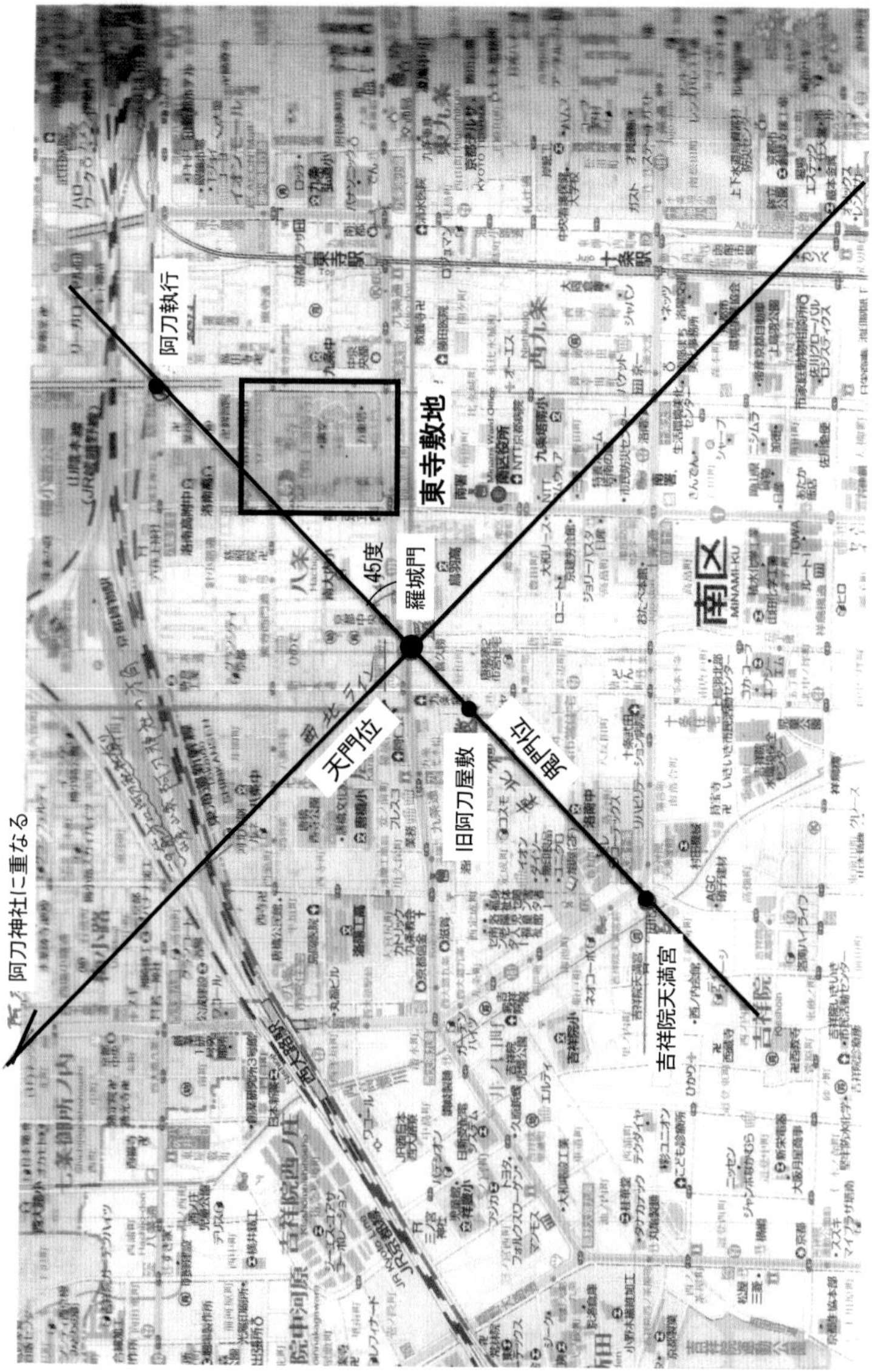

⑧地図5—1　鬼門位、天門位線図

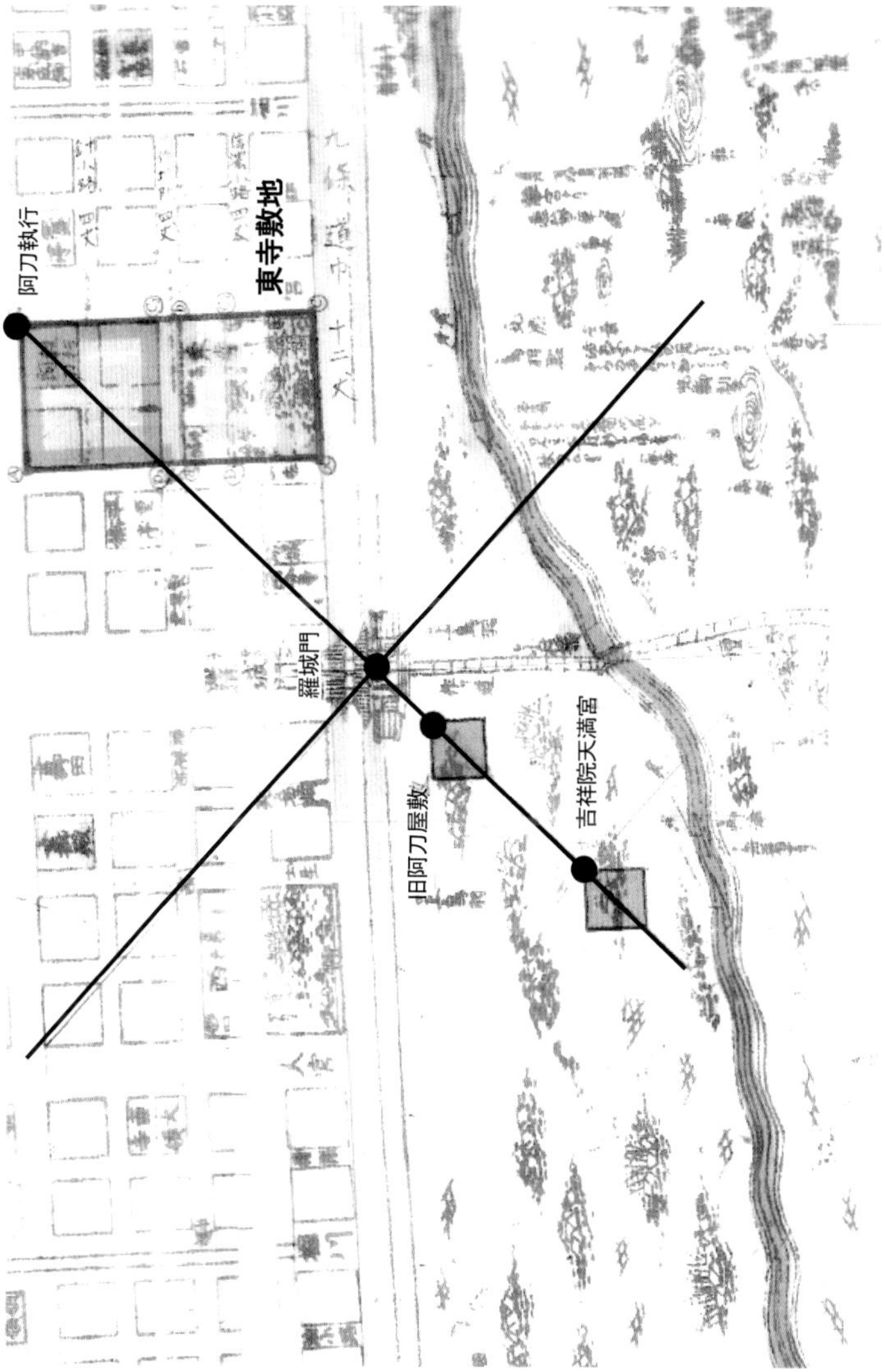

⑨地図5—2　花洛往古図
（寛政年間版（再刻平成11年9月京都竹井利夫編））部分

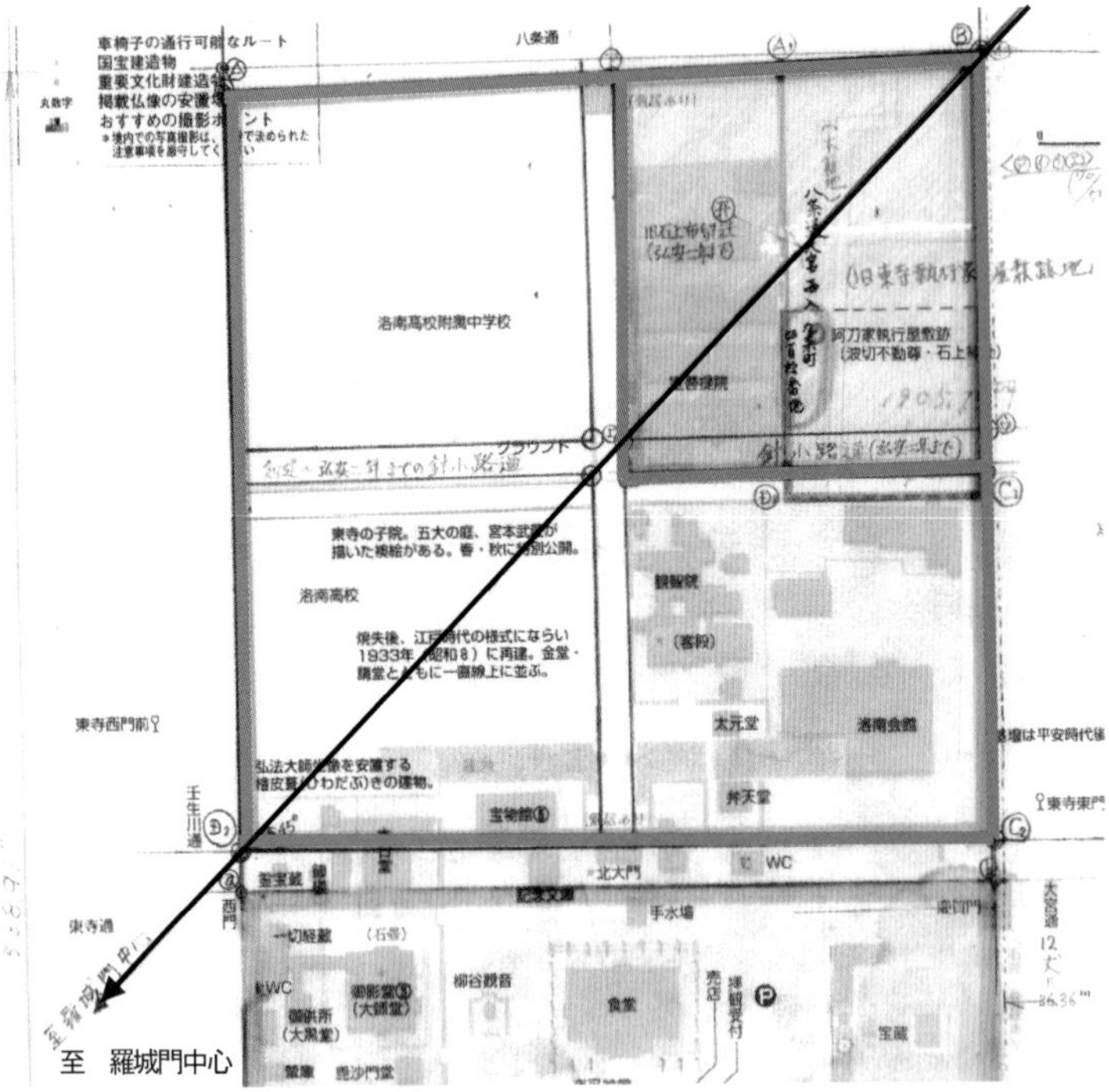

⑩地図5—3『（東寺境内地図）「週刊古寺を巡る」3東寺
2007・20　小学館発行』）

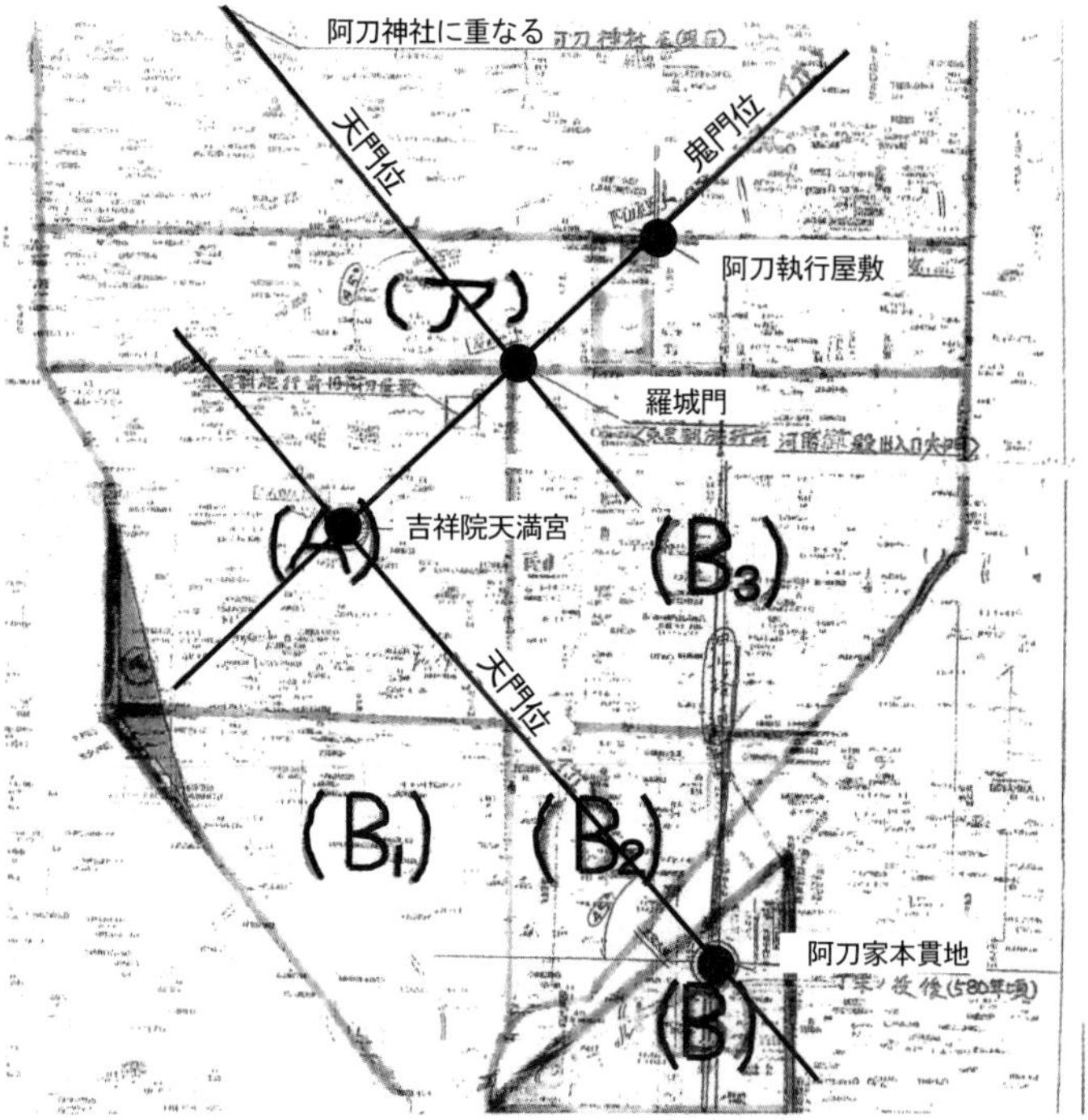

⑪地図5-4　条里制施工前(600～783)
山代地区阿刀家所有　地積図

第六章　弘法大師空海の生誕地について

古老よりの伝聞内容を検証しその結果から生誕地を推定する。阿刀家には大和時代（６００年頃）から平安時代の条里制施行前の時代（延暦2年（７８３）頃）までの間における土地所有状況について〝条里制施行前に三百三十有余町歩（約１１０万坪）の土地があったが国への寄進によって百二十町歩弱となった。〟という古老よりの伝聞が遺されている。この内容の信憑性について検証した。

領域地積値（土地面積）の算出用資料として以下の地図を利用した。

《地図１》都市地図　京都府　１（昭文社）発行　２０１４年8版6刷（⑪地図5―4）（75頁）

《地図２》『「週刊古寺を巡る」３東寺』（発行／小学館）２００７年発行（⑩地図5―3）（74頁）

《地図３》「花洛往古図(寛政年版(再刻平成11年9月京都竹井利夫編))」（⑨地図5―2）（73頁）

地積値算出の都合上、領域を《地図1.》上で以下のごとく《(ア)、(A)、(B)、(B1)、(B2)およびび（B3)》の６区画に分画した。

沿岸線に該を付した理由について６００～７００年代の川面の高さは縄文海進によって現在より12～12・5メートルほど高かかったと推測されるから、現堤防を越えて浸水していたかもしれないことを考慮しなければなるまい。そうすると当時の地積値は現況地積値よりも狭かったことになる。

しかし、この差値は作図上生じる計測誤差の許容の範囲内かと思われるので〝許容範囲〟の意味合いの曖昧さをもたせて〝該〟とした。

（ア）八条通南北心線以南、九条通南北心線以北、桂川（はじめ、葛野川）東面該沿岸線東西心線東、鴨川西面沿岸線東西心線以西の四沿線で囲まれた区画部分。

（A）九條通南北心線以南今国道２０１号線南北心線以北該沿岸線東西心線以東、今千本通・当時呼〝作り道〟（朱雀大路延長線位置）東西心線以西の四沿線で囲まれた区画部分。

（B）鴨川東面該北東方向沿岸線近接以北西面、西洞院通東西心線以西、新城南宮道南北心線以北三沿線面で囲まれた区画部分。

（B1）今国道２０１号線南北心線以南、桂川東面該南西方向沿岸線近接以北東今千本東西心線以西の三沿線面で囲まれた区画部分。

（B2）今国道２０１号線南北心線以南、鴨川西面該北東方向沿岸線近接以北西面、今千本通東西心線以東の三沿線面で囲まれた区画部分。

（B3）九条通南北心線以南、今国道２０１号線南北心線以北、今千本通東西心線以東、鴨川西面該沿岸線東西心線以西、鴨川西面該北東方向沿岸線近接以北西面の五沿線面で囲まれた区画部分。

〈6区画《地図1》の地積値（町）〉

(ア) 4000m x 544m = 658240坪 = 182・8町

(A) 1760m x 1440m + {320m x 400m x (1/2)} = (766656 + 193360)坪 = 218・4町

(B) 1200m x 1040m x (1/2) = 188760坪 = 52・4町

B1 1760m x 1440m x (1/2) + {960m x 2000m x (1/2)} = (383328 + 290400)坪 = 187町

B2 1200m x 1440m x (1/2) = 261360坪 = 72・6町

B3 1920m x 1440m − {720m x 832m x (1/2)} = (836352 − 90605)坪 = 207町

〈6区画《地図1》の組み合わせとその地積値和算値（町）〉

19 = {B3 + 14} = (207 + 125) = 332町

18 = {B1 + 14} = (187 + 125) = 312町

17 = {(ア) + 14} = (182・8 + 125) = 307・8町

16 = {(A) + 14} = (218・4 + 125) = 343・4町

（1）＝{（A）＋（B）}＝（218・4＋52・4）＝270・8町

（2）＝{（A）＋（**B1**）}＝（218・4＋187）＝405・4町

（3）＝{（A）＋（**B2**）}＝（218・4＋72・6）＝291町

（4）＝{（A）＋（**B3**）}＝（218・4＋207）＝425・4町

（5）＝{（A）＋（ア）}＝（218・4＋182・8）＝401・2町

（6）＝{（ア）＋（B）}＝（182・8＋52・4）＝235・2町

（7）＝{（ア）＋（**B1**）}＝（162・8＋187）＝369・8町

（8）＝{（ア）＋（**B2**）}＝（182・8＋72・6）＝255・4町

（9）＝{（ア）＋（**B3**）}＝（182・8＋207）＝389・8町

10.＝{（**B1**）＋（**B2**）}＝（187＋72・6）＝259・6町

11.＝{（**B1**）＋（**B3**）}＝（187＋207）＝394町

12.＝{（**B1**）＋（B）}＝（187＋52・4）＝239・4町

13.＝{（**B2**）＋（**B3**）}＝（72・6＋207）＝279・6町

14.＝{（**B2**）＋（B）}＝（72・6＋52・4）＝125町

15.＝{（**B3**）＋（B）}＝（207＋52・4）＝259・4町

《地積値結果の考察》伝聞は云う

㋐　条里制施行前、国へ寄進した土地があった。

①　『八条通南北心線以南、九条通南北心線以北、桂川（はじめ、葛野川）東面該　沿岸線東西心線以東、鴨川西面沿岸線東西心線以西の四沿線で囲まれてできる敷地の寄進である。』〈区画（ア）である〉

②　『寄進後の所有地は《区画（A）+（B2）+（B）である》

③　『この寄進によって所有地は三百三十有余町歩（約１１０万坪）から一百二十町歩弱（約４万坪）となっていた。』《この内容は甚だ不適切である。『阿刀雄足の寄進によって所有地は三百三十町歩になったのである。先祖から雄足が継承した三百三十町歩に奈良からの帰養後に１８２・８町歩弱の（ア）区画の地積を買い足して、この買い足し部分を寄進したのである。』が適切表現であろう。寄進前所有地は結局（３３０＋１８２・８＝）５１２・８町歩に、東山山麓一帯の一部分の別荘地の〝弱〟地積値（α町歩）を加算したそれ５７６・８町歩であったことが読み取れるのである《（ちなみにα値=は64となる（α＝５７６・８―５１２・８＝64））》。

ここまでこの章を進めてきて疑問が湧かなかったかと言えば偽りとなろう。阿刀雄足は寄進前の段階で１８２・８町歩もの（ア）区画の土地を取得していたことになるが、そもそも、奈良東大寺写経所の下級官人であった者にこのようなことがはたして可能なのであろうか？　という疑問、この疑問に応えておく必要があるが、第三章①（28頁～29頁）に「渡航費用の原資の問題」として取り上げた問に応えた内容と一致する内容であるから重複を避けるためこの可能であったことの説明は割愛した。可能であったことが証明できる資料が『日本古代氏族人名辞典』坂本太郎／平野邦雄　監修〈吉川弘文館〉である。この22頁から抜粋引用させてもらったのが《添付資料13⑥》（本録２００～２０１頁）である。

㋑　寄進前の地積が三百三十有余町歩あった。

　この伝聞地積値は伝聞該領域

①　八条通南北心線以南、葛野大路加える桂川（葛野川）東面該南西方向沿岸線近接以北東面岸以東、鴨川西南沿岸線東西心線以西の三沿線に囲まれた領域』の値である。ちなみにこの領域を６区画分画で示すと｛（ア）＋（A）＋（B1）＋（B2）＋（B3）＋（B）｝＝９２０・２町である。３３０有余町とは隔たった値である。あきらかにこの伝聞領域は不整合値である。

ここで、前記加算区画（以下、区画）地積値：｛（1）～（19）｝の中から〈三百三十有余町歩〉をXとすると、３００＜X＜３４５町歩を充たすX値を提供する地積を検索する。

この範囲の地積値を提供する区画は

（16）＝３４３・４町

（17）＝３０７・８町

（18）＝３１２町
（19）＝３３２町の四区画となる。

これらの区画の中で地積値がもっとも近似するのは（19）＝｛（B3）＋（B2）＋（B）｝である。この区画は、鴨川を挟んではいるが地続き同様の形状であると言う点において、生活動線効果の高い現実的なそれである。しかしながらこの区画は（A）部分を含まないので件の古老の伝聞の二点目。（含む追記）〈本録（50頁）〉の内容『菅原清公邸宅今吉祥院天満宮地籍の内容』を反映できない欠点をもつ。
（18）＝｛（B1）＋（B2）＋（B）｝は（19）とまったく同じ（A）部分を含まない状況である。
（17）＝｛（ア）＋（B2）＋（B）｝は（18）および（19）と同様で（A）部分を含まないばかりか敷地が共有地面で繋がっていない。

これらの区画の中で地積値が該近似し、敷地が共有地面で繋がっていて、かつ伝聞内容に繋がる（反映できる）箇所があると言う三点を含む区画は
（16）＝｛（A）＋（B2）＋（B）｝となりこの区画以外は無いことが判る。
（16）の地積値は３４３・４町歩であり、伝聞値３３０町歩より少々大きい地積ゆえこの点において（16）区画は整合性に欠ける。しかしながら当時以降にしばしば起こった桂川の氾濫に対処して行われた河川（桂川／葛野川）の流路変更改修工事によって造成されたと推定される埋立地（ａ）の地積値が13町歩程度増加したと考えられる。たとえばこの場合（ａ）の地積値は２４０ｍ×７２０ｍ×０・３

025≒52272坪≒14・5町歩となるから、地積値343・4町歩は増加分≒14・5町歩差し引いて328・9町歩となり、この値は整合値の許容範囲内となしうる。

よって（16）区画を整合地と推定することは可能である。

つぎに地積値に整合する区画（16）が事跡に照らして妥当『足り得る』かについても検証した。結果『足り得る』と推定できた。その事跡を以下に纏めた。

《1》（16）の（A）はこの領域であれば古老伝聞の二点目（（含む（追記））〈本録〉（50頁））の内容にとりわけ〃菅原清公〃の邸宅に繋がること。

《2》（16）の（B）は本貫を大和奈良磯城郡田原本町に置いていた阿刀家が敏達天皇の時代580年頃起こされた丁未《ていび》の役《えき》（変《へん》）にまきこまれたため本貫を去って山背《やましろ》〈山代《やましろ》〉に落ちのびた。山代の地には秦氏本宗家が導いてくれた。落ちのび最初に辿り着いた場所が区画（B）地辺りであった。

もっともこの後本宗家の計らいで現「式内阿刀神社」の鎮座地・嵯峨野辺りの地をあてがわれて当初からしばらくの間匿われていたことがあったが、件の役（変）のホトボリが覚めた頃、最終的に命《いのち》辛々《からがら》落ちのびて辿《たど》り着いた場所・そこは深草の名の由来かと考えられる深い蘆の茂る湿地帯となっていた（B）地へもどり、ここを本貫《ほんかん》〈本籍〉としたのである。580年頃のことである。当然ながら阿刀雄足もここで誕生した。弘法大師・空海の母・阿古の実家もここであった。該当時の婚姻形態は総じて妻問婚であったから弘法大師・空海（幼名：真魚）もここで誕生した。

つぎに伝聞は国への寄進後の地積が一百二十町歩弱となったとする。（80頁③参照）

ここで前記区画地積値：{（1）〜（19）}の中から一百二十町歩弱値を提供する地積を検索する。

この範囲の地積値を提供する区画は（14）={（B）+（B2）}=125町である。

この値は伝聞値に近似する。すなわち、（14）区画が整合するといえる。

つぎに、地積値整合区画とされたこの（14）区画は、（16）区画に包含されたそれであるから、当然に妥当足り得る区画となし得る。

つづいて、阿刀雄足の〝寄進動機〟について考察した。

伝聞は言う。「菅原道真の実祖父・清公は延暦十七年（798）28歳の時阿刀家私有の敷地内に邸宅を新築した（阿刀家私有地を購入して邸宅を新築した）。」この邸宅地は現存の「吉祥院天満宮」その地である。（A）区画内にあるこの地は道真公の生誕地とも伝えられている。

この内容中「（阿刀家私有地を購入し邸宅を新築した）」はその信憑性を認めがたい。

「阿刀家私有地内に新築した。」は「阿刀家が清公に寄進した敷地内に新築した。」と置き換えれば首肯できる。

（ア）区画についての〝寄進〟は国への寄進である。この場合、阿刀家側の立場表現である。国側のそれは〝収用〟ないしは〝収公没官〟であろう。ちなみに、収用地代替地であったのか、または位階に応じて与えられる宅地班給制度によったものであったのか、もしくは、代替班給宅地との合弁地であったのか、条里制施行後の城郭内、八条通と大宮通との交点を表鬼門にもつ地積を形成させる配置位置に、１・３町歩弱（４７２７坪）の宅地が弘仁十四年（８２３）から弘安二年（１２７９）まで存在した。東寺執行阿刀屋敷である。しかし、『阿刀家が執行職を受け入れる前から、勘請年は不明であるが、おそらくは、藤原仲麻呂（恵美押勝）の乱・天平宝字八年（７６４）阿刀雄足帰養後以降延暦十二年（７９３）以前頃までの期間内には、この敷地の北東隅（角）には、「石上神社（布留社）」はあったのである。すくなくとも大和奈良石上神宮から勧請されたこの祠堂は阿刀家の祭壇として世襲で守り続けられた。』と言う口伝伝承もあることも付記した。

つぎに⑧地図５―１①〈72頁〉上に示したごとく「旧阿刀屋敷」と「羅城門」と「吉祥院天満宮」の鬼門位は同位方位角で一直線上に完全に重なるこの事実について以下に見解を述べる。

『この事実は偶然なのか？　どうしても偶然とは思えない。この思いが阿刀雄足の寄進動機を推察せしめる。』活動中心拠点を四国地方においていたであろう25歳頃の空海。当時、空海との再会の機会に恵まれず消沈怠惰な生活を続けてきていたであろう雄足。外孫・空海と年齢の近い28歳の清公。6年後延暦二十三年（８０４）の二人（清公と空海）の奇しき出会い（第十二回遣唐使船の判官と留学生として同船する出会い）を見ることになることをあたかも予見していたかのような雄足の〝鬼神の思想〈家相の風習〉〟導入の切望が清公屋敷の設邸位置を現在の地に確定させたにちがいないことを、「東寺執行屋敷」、前述「旧阿刀屋敷」、「羅城門」および「吉祥院天満宮」の四点の鬼門位方向の方位角の完全一致の事実を知ることによって見ることが出来るように思う。この結果が、殊に吉祥院敷地上に清公の住宅を確保できることによって、雄足が清公に近付き繋がりを持てる！ との願望を実現させた。すなわち〈〈72歳になっていた雄足には外孫・空海の自慢話をする話し相手がほしかったのであろう〉〉と言うのが主たる〝寄進動機〟と考える。〝日本最初の不動産屋〟であろうとどこかで誰かが述べておられる。写経所の下級官人でありながら二足の草鞋をはいて左大臣藤原仲麻呂（恵美押勝）卿にも私的に仕えていたが、卿が天平宝字八年（７６４）乱を起こし琵琶湖沖で自害して果てたため、自らも同時にこの年八月自らの意思にて辞職して山代の本貫（B）区画地に「赴任地で得た巨万の富」を持って帰養した。そして帰養後の山代の地の敷地の拡大に奔走した。経験し覚醒した錬金術を活かして既存地積をさらに拡大したようである。東山山麓一帯の一部分を含めて（ア）区画を秦氏宗家から購入取得したと伝わる。取得原資が「異能を開花させて得た巨万の富」であったことは容易に想像がつくだろう。（添付資料13⑥（２００～２０１頁）『日本古代氏族人名辞典』からの引用文参照）雄足は親族筋の僧正・玄昉《げんぼう》が唐から齎《もたら》した鬼神《きしん》の風習《ふうしゅう》を信奉していたためこの風習に則った居宅が建てられる土地にこだわりを 持っていたと思われる。道真の実祖父・清公の現吉祥院の土地（敷地）はまさしくこれに充てられ得よう。

（ア）区画の〝取得動機〟はここ河勝御殿を囲む屋敷の正門（施行後羅城門）を確保することに在った。この正門がこの区画内にある旧阿刀屋敷および執行阿刀屋敷（「執行」は施行後の呼び名。ここでは施行前の呼び名として「阿刀屋敷」とすべきところだが、その位置を明確にするため敢えてこの呼び名にした）の表鬼門を確保させる位置に存在しているからである。

（ア）区画の〝寄進動機〟は当然ながら基本的には秦氏宗家へのご恩に報いたものである。（ア区画は国へ、（A）区画の内吉祥院敷地は清公への寄進である。

清公は空海との年齢差わずか3歳。空海の姉千恵子と結婚した清岡とは1歳年上の実兄の間柄であり、したがって阿刀家と菅原清公家とは親戚関係にあることになるから外孫・空海を清公に重ねてみていたと読めなくもない。当時従五位下の清公には城郭内に官舎は与えられていたと考えられるから雄足は清公と身近で繋がりたいと願ってこの地に別荘を建てさせたのではないかあるいは自らが建てて国ではなく清公に寄進したと考える。

伝聞内容を分析することにより〝阿刀雄足の寄進動機（含む取得動機）〟を推察した。

以上まとめれば、

①伝聞区画領域は試算地積値概略870町歩となり330町歩ではないからあきらかにこの領域ではない。

②三百三十有余町歩〟は区画領域（16）：{（A）+（B）+（B2）}=343・4町歩、〝一百二十町歩弱〟は区画領域（14）：{（B）+（B2）}=125町歩にそれぞれ近似する。

③（16）および（14）両区画領域には（ア）区画を含まないから、（ア）区画の寄進についての伝聞内容『東

寺は阿刀家の私有地上に建立された（正確には阿刀家の寄進した土地上に建立された』の信憑性はこれを認めることができる。

これには条件が付く：既存地積〃三百三十町歩〃を除く土地すなわち（ア）区画上に建立されたのである。条里制施行前の話であることに注視しこれを考慮すればの話である。

④（Ａ）区画のそれ『菅原道真の実祖父・菅原清公《すがわらきよきみ》は延暦十七年（７９８）28歳の時阿刀家私有の敷地内に邸宅を新築した（阿刀家私有地を購入して邸宅を新築した）。』の信憑性は『件の推察寄進動機を考察して「私有地」を「寄進地」に置き換える』ことによって容認されよう。

と言う事になるから『伝聞内容はその信憑性を認めることができる』と言う結論になる。

阿刀家口伝伝承は言う『条里制施行前から前稿の（ア）区画（１８２・８町歩内）に「執行屋敷」は存在していた。この地の表鬼門方位を形成する北東隅の地点は施行前から羅城門位置に在った門の中心地点と鬼門方位を共有する関係が成立する形で存在していた。秦氏宗家の囲い領域（＊１）を災難凶事から護る必要から宗家は災難凶事遮断封じ込め施策としての祈祷所・祭壇すなわち〝鬼門〃（施行後羅城門）をまさしく鬼門の風習に則って設置せしめている。さらに〃鬼門〃の裏鬼門になる位置（前稿の（Ａ）部分区画（２１８・４町歩）内に「旧阿刀家屋敷」があった。「旧阿刀家屋敷」の裏鬼門方位と同位方位で一直線上に条里制施行後に創建される「吉祥院天満宮」がある配置関係であった』と。

（＊１）：〃鬼門〃の真北方向（施行後朱雀通、今千本通）が今丸太町通と交差する辺りの位置には、阿刀家の大和からの都落ちに際し手をさしのべてくれた秦氏宗家の御殿（施行後東大宮通、西大宮通、同二条通、同一条通の四通に囲まれた敷地内『大内裏』が施行前から在り、この御殿を、施行後の平安京城郭とほぼ同じ領域の囲い域（（今丸太町通南北心線もしくは今出川通南北心線南面以南、葛野大路に加える葛野川(今桂川)東面該沿岸線東西心線以東、鴨川西面該沿岸線東西心線以西、九通南北心線以北の四沿線で囲まれた領域））で囲んでいた。すなわち、平安京城郭に類似した城郭の築かれていない宗家の囲い領域が在った。当然ながら、条里制は敷かれていなかったが、この類似は前三世紀ごろ列島に上陸したと宗家が伝える秦氏宗家が当時のシナの条里制を意識していた可能性をうかがわせる構図であろう。大和奈良平城京もまさしくこの構図である。この宗家の囲い領域において御殿の玄関口とみなせる位置に施行後羅城門が建てられていた。この門は二層建門構造となっていた。この二階部分は〃鬼門〃の風習に則った御殿の守護神が配置(安置、鎮座)された構造になっていたと伝わる。この門は（ア）区画内に在り、阿刀雄足の取得動機となった門である。宗家より取得した時から国への寄進をするまでの期間、約4・5町の地積は宗家の人びとの通用門として使用されたとのこと。したがって、（ア）区画の実質地積は182・8町から4・5町を差し引いて178・3町となるが、このことを考慮せず182・8町として算出は行われた。

（A）区画内旧阿刀屋敷と河勝御殿正門とを結ぶ鬼門位線の延長線が八条通りと交わる点を鬼門にもつ屋敷が（ア）区画内阿刀執行屋敷である。

①（Ｂ）区画内五八〇年頃阿刀家本貫
②　河勝宗家正門(後の羅城門)
③（Ａ）区画内旧阿刀屋敷(施行前)
④（Ａ）区画内執行阿刀屋敷(施行前)
⑤（Ａ）区画内吉祥院天満宮(施行後)以上、この順番に敷地は確保された。

なお、⑪地図5―4〈75頁〉条里制施行前（６００年～７８３年）山代地区阿刀家所有地積図上の（Ａ）区画の（Ａ）地点・吉祥院天満宮敷地および（Ｂ）区画の（Ｂ）地点・阿刀家本貫地をどのようにして特定したかについて「おわりに」〈１７９頁～１８１頁〉に述べた。参照されたし。

（ア）区画寄進直後の阿刀雄足の所有地は約３３０町であったが、これを７９８年～８０３年には売却した。その売却金が空海の渡航費用となった。空海の出奔を見届けた一年後延暦二十四年(８０５)、77歳で雄足は寂滅した。

平安京はこの秦氏宗家の囲い領域の形状を踏襲した領域内に条里制を敷いて城郭を新たに施すことによって整備されたあたかも平城京を俯瞰できる構図となっている都なのである。

平成27年3月30日　校了

第七章　「当時は空海生誕地讃岐善通寺まで海がきていた」

—本録（11頁）の証明のための試算—

（１）空海生誕年は宝亀五年（７７４）である。この頃の善通寺近隣海面の高さ位置について

（A）現在の海面は、陸面よりも20ｍ低位置にある『石鳥居の向こうに沈む陽日』

週刊古寺を巡る　25　四天王寺　小学館

（B）海面の上昇速度は、６～10（㎜／年）である（縄文海進／海退）。

(2014−774)=1240（year）　1240(year)×10(㎜/year)=1240cm=12.40m ——————（1）

(2014−X=2000)　(−20.00m)：ＡＤ２０１４年時の陸上面からの減少水位　—　（2）

X=(−0.14m)：ｘ値が負値であると言うことは、海面が地震による地盤浮上と思われる。

しかし、この値は、６４０年以降の年代の事案における計算には、影響しないので、本案件・宝亀五年（７７４）時のそれにおいては、この値を加算しない。

よって現在の平均海面よりも12・４０ｍ高位置まで海面は在ったことになるはずである。

（２）７７４年当時、善通寺中心位置に向かって海岸線からどの程度の距離 まで海水が上ってきていたかについて

（A）難波古地図

（飯島太千雄著『若き 空海の実像』　２９４頁大法輪閣　（平成二十一年）〈地図省略〉

（B）大阪四天王寺周辺図（図２）：『高速道路ガイドマップ』西日本高速道路サー ビス・ホールディングス株（２０１１）（添付資料４⑦）〈１９０頁〉

（C）香川善通寺近辺図(図３)：『関西観光ロードマップ』（株）ナンバー出版（１９８５）（添付資料５⑦）〈１９１頁〉を利用して行った。

① 宝亀五年（７７４）当時、海岸線から四天王寺までの距離Ｘ：(図難波古地図）より、

地図上の実測値　21mm,　Xkm　縮尺　15mm,　2km　X=(21/15)×2= 2.80 km------(A)

② ２０１４年時の、海岸線から四天王寺までの距離Ｙ：(図２）より、

地図上の実測値　50mm,　Ykm　縮尺　27mm,　4km　Y=(50/27)×4= 7.41 km----(B)

③ 東白方海岸近隣位置より善通寺中心位置までの距離Ｌ：(図３）より、地図上の実測値

62.0mm,　L km　縮尺　20.0mm,　5.0km

L=(62.0/20)×5.0= 15.50

(図３)は、拡大率２の図であるから、15.50×(1/3)= 5.17 km--------(C)

（A)(B)および(C)の計算値を方眼紙上にプロットして図表７—１（95頁）を作成 する。ｄｂ線上

に（A）の２・８０ｋｍ値をプロットしてＯ点とする。Ｏを通るＡＯの延長線がＢＣの延長線と交わる点をＣと定める。

bc=HとしてＨを求める

H/(H+X)=X/Y　H/(H+12.40)=2.80/7.41　H=34.69/4.61=7.53m

④現在（２０１４年）の地図上での７７４年当時の海岸線から善通寺へ至る間の陸地上部分の距離Ｚ

ab=ZとしてＺを求める：

Z=(H/X)×Y Z=（7.53/12.40）×7.41=4.50 km———(D)

⑤善通寺中心位置より何メートル先まで海が迫っていたか？

〈東白方海岸近隣から善通寺　中心に向かって、どこまで海水が上陸してくるか？〉その距離Ｓは

図表７―１より、

da=S=(L−Z)=(C)−(D)　=5.17−4.50=0.67 km————(E)

東白方海岸から海水が上陸流入してくる距離（S）　善通寺境内中心

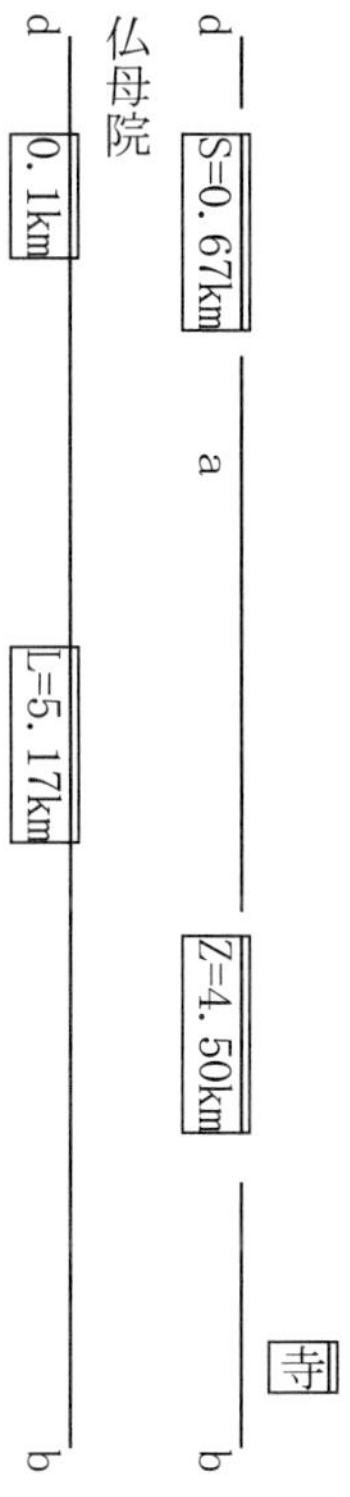

以上、774年当時、善通寺中心位置に向かって海岸線からどの程度の距離 まで海水が上ってきていたかについて〈善通寺中心位置と現東白方海岸近隣とを結ぶ線(添付資料5⑦)上において、現海岸線からどの程度の距離まで海水が上ってきていたか。〉について、試算した。

〈結果〉: 現東白方海岸線から現善通寺境内中心に向かって0・67 km の距離まで、または、現善通寺境内中心位置から現東白方海岸線に向かって4・50 km 先の距離まで、海水は上って来ていたことになるはずである。

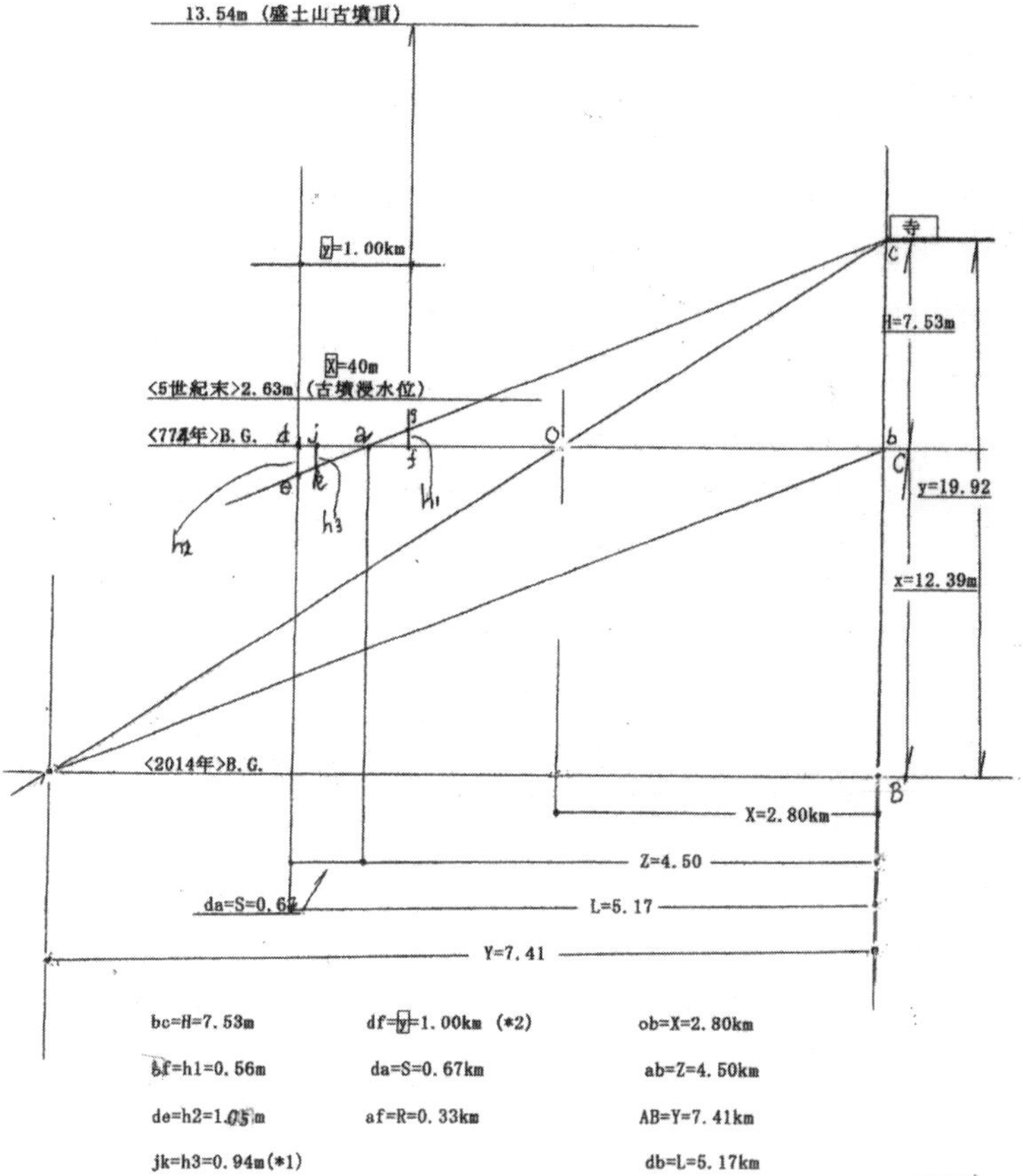

図表7－1　当時（774年）の香川「善通寺」「仏母院」「海岸寺」の海面位

（＊1）

(Google マップ)（添付資料6⑦）〈192頁〉から、海岸寺前の海岸から海岸寺までの距離 dj=[x] を求める。

地図上の実測値　（海岸寺から海岸までの距離）　2㎜　X㎞

海岸寺駅から虚空蔵寺までの距離）　70㎜　1・4㎞

x＝(2/70)×1.4=0.040km=40m〈海岸寺〉

算出法右同様にして　100m〈仏母院〉

海岸寺前の海岸の海面の774年当時の状態については、図表7—1から推察すると、(d~a)間は海　面下にある（この間にある建物は海水に浸かっている状態にある）ことを示しているから、d<j<aすなわち0<40m<670mであるから、．j点における海岸寺は、jk=h3mの深さまで浸水しているはずである。そこで、この深さjk=h3 を求める。

H3/h2=ja/da　h3/h2=(da−dj)/da H3/h2=(S−[x])/S

H3/h2=(0.67−0.040)/0.67　h3=0.63/0.67=[0.94]m〈仏母院〉

算出法右同様にして1・05m〈海岸寺〉
774年当時、仏母院は現海面より0・94m、海岸寺は1・05m高い位置まで水はきていた
計算になる。
仏母院境内の基礎地面の海抜が0・94m以上であれば、浸水は していなかったことになる。
しかし、現実は、周辺の海水が引き地面が現れるのは869年~880年頃以降である。

(＊2)
(添付資料6⑦)から、東白方海岸から盛土山古墳(以下、古墳)までの距離df=yを求める。

海岸寺駅から虚空蔵寺までの距離は、徒歩17分、1・4kmであり、
地図上の徒歩ルートの実測値は70㎜
地図上のyの実測値は50㎜
y/50=1.4/70　y=(1.4/70)×50=1.00km
(添付資料7⑦)〈193頁〉から、古墳の高さ(H)を求める。
古墳写真上の高さの実測値は13㎜
高さの実寸をHm
直径の実測値は72㎜

直径の実寸は75 m

H/13=75/72　H=(75/72)×13=13.54 mと算出した。

この古墳は5世紀末の成立とのことであるから、その年代を仮に４９０年とすれば、成立時点では(7.53-4.90)=2・63 mまでは水面下にあることになるから、古墳頂《いただき》円面とそこから10・91 (13.54-2.63=10.91) m下った位置の円面 とではさまれた台形円錐の容積部分（黄色部分）が、該当古墳であった可能性が高い。浸水部分であるその余の下層容積部分は基層土地、たとえば古墳作成時点で、山または丘陵であった場所。この場所の上に、古墳を築造したのではないだろうか。このように推測すると、黄色で塗りつぶした部分(台形円錐の容積部分)が5世紀末の古墳として検出されていると考えられる。もっとも７７４年当時は古墳の位置が海岸から１・００ kmであり、⑤において算出したとおり、海岸から０・67 km（６７０ m)までしか海水は上ってきてはいないのであるから、古墳は海水には浸かっていないことがわかる。

第八章　弘法大師空海は『火葬《かそう》』だったか『土葬《どそう》』だったかについての一考察

平成30年4月20日-23日「空海・長安紀行　唐土巡礼4日間ツアー」に親友小野益生《ますお》様と参加した。21日、大興善寺観光、恵果空海記念堂青龍寺記帳参拝をした。兵馬俑博物館、碑林博物館なども観光したが青龍寺は殊の外印象深いものがあった。

寺院内庭園に①:『空海の略歴を伝えた立札』および②:『大唐神都青龍寺故三朝国師灌頂阿闍梨恵果和尚之碑』が掲げられていた。これらの内容にとりわけ印象付けられた。

①については、求めた「青龍寺」図録（一九九二年五月）10頁にその立札の略伝の日本語と中国語での説明がなされていたが文中阿刀大足についての部分で日本語が『おじ』、中国語が『舅父』と記されていた。ここでの『おじ』は『舅』に置き換えられ得るところから『舅』と『舅父』との意味の相違が有るのか無いのか？　を、②については、碑文の中の『示人間以薪尽』の意味解釈は当地ではどのようになされているのだろうか？　を知りたくなった。帰国後ツアーガイドをされた楊保華氏に質問をなげかけたところ、氏を介して有識者から有益な回答が得られたとのEメール連絡が配信されてきた。

お礼を兼ねた書簡を氏宛に認《したた》めた。

本日。07／06／47、メール便落手、拝受、拝読。有難うございます。

当地は梅雨明け宣言未だ発せられず鬱陶しい毎日が続いておりますがご当地西安はいかがでしょうか？　お訊ねいたします。

楊様には、その後つつがなくおすこやかにお過ごしのことと拝察いたしております。

さて、過日、阿刀大足《あとのおおたり》の件で啓発に富んだきわめて有益な情報をお届けいただきまして有難うございました。改めて厚くお礼を申し上げます。この件に関しましてはわたしの代で解決しておきたいという思いから楊様にご相談申し上げた次第です。

①については、〃『舅』も『舅父』も意味は母方の兄弟で同じ。但し、『舅父』は正式な場合に使われる尊敬語である。昔のことであるが、『舅』の子供の中に男の子がいない場合には、墓の石碑に『舅父』との呼び名が彫られるという慣わしがあった〃と。

阿刀大足(以下、大足)の長子・真果(しんか)の誕生年をこの解釈に適用させますと弘法大師・空海(幼少名・真魚《まな》)に大足が施したといわれる英才教育の年齢が十二歳までであることを特定できるのです。当時から日本は貴族の子弟の教育には非常に熱心であったようでして、都には大学が、地方には国ごとにひとつずつ国学が設置されていました。大学は中央政府の幹部養成機関、国学は郡司（県知事）クラスの子弟養成機関でした。弘法大師・空海(以下、空海)は四国讃岐の郡司の家柄です。当時の律令の規則によりまして大学の入学年齢は十三歳以上十六歳以下となっておりました。ところが、空海は十八歳での入学でした。『三教指帰《さんごうしいき》』には、国学に入学したとの記述は無く十五歳の時大足について（したがって）上京、勉強して、十八歳で大学に入学したと言及しております。郡司の家柄出身である空海が大学にしかも規則外の年齢で入学し得たという事実をどのように受け止めればよいのか？　まことに謎ではあります。わたしの尊敬する空海研究者のなかには空海本人の言及はないけれども、十三歳で国学に入学し、資格年齢は十三歳から十六歳までであったから、その期間内の十五歳の時ここ国学を経由して大足の上京に合わせて同伴上京しそこでも大足の特訓指導を、あるいは伊予親王殿下と共に机を並べて受けながら猛勉して、大足のコネクションをつかって大学へ入ったのではなかろうかと推測している方もおられます。わたしは〝十五歳の時〟は賛成できませんがこの方の推測を大方で支持しております。この支持を確固たるそれとなし得たのは、まさしく楊様からご教授頂きました〝舅父〟が「十二歳までである」ことを特定したからに他なりません。特定の方法について私見を述べてみました。

この解釈は空海（７７４～８３５）の幼少期の家庭教師でありかつ伊予親王殿下の侍講《ふみはかせ》であった阿刀大足の実働を伺い知る情報を提供しているのではなかろうか？

すなわち家庭教師であった年齢の最大値は大足の第一子の男子が誕生した年月日直前日以内でなければならないということを意味していると解釈できるのではないか。『三教指帰《さんごうしいき》』の序文〈＊〉には『余、志学《しいかく》にして外氏阿二千石文学の舅について伏膺讃仰す』および「続日本後紀」承和二年三月二十一日条の空海卒伝には『年十五にして舅従五位下阿刀宿祢大足に就き文書を読習す』と記されている。ここに「志学」は十五歳であるから、卒伝はその内容から『三教指帰』序文に基づき発せられた公文書であることが判る。したがって公文書は大足が家庭教師として空海に関わったときの空海の年齢が〝十五歳〟であると公認したことになる。

そこで、阿刀大足の第一子の男子を『東寺《とうじ》執行《しぎょう》職《しょく》血統《けっとう》相承《そうしょう》譜《ふ》』から摘出してみると阿刀真果《あとのしんか》：貞観十七年（８７５）乙未八月二十六日入寂九十一歳を認め得る。このことから計算によって阿刀真果《あとのしんか》は延暦四年（７８５）に誕生したことが判かる。ここで、一寸脱線するが、誕生年の判明によって大足は結婚(宝亀二年（７７１）)して15年目にして待望の長男を授かったこと、それは42歳の時であったことも同時に判ることになる。

さて、話が前後するが、７８５年が阿刀大足および真魚（空海）の何歳に相当するかを確認してみると、大足：42歳{785−744+1=42}、真魚（空海）：12歳{785=774+1=12}であることを確認できた。よって、真魚・空海は十二歳になる直前までの時期すなわち、最年長でも十一歳、おそらくは最適年齢五歳から九歳までには書法と文章法を学ばされたことになる。当家口伝伝承は云ぅ12歳（13歳／国学受験直前）までに書歴、書法／最終課題「至誠文宣王」の清書および文章作法／「四書五経」の完全暗記。以上に加えて国学受験必須科目の習得により、受験。

〈＊〉『「三教指帰《さんごうしいき》」序文』は空海真筆本「聾瞽指帰《ろうこしいき》」を本人が再治した際に付記した「序文」であるとされてきたが、これは空海本人のそれではないのではとの学説がある（大谷大学研究年報　第四十五集／六十集　河内昭圓／飯島太千雄　大谷学会　１９９４（平成六）年三月／２０１２（平成二十四）年三月十六日発行）。前述のごとく『舅父』の意味を正確、厳格に解釈すれば「三教指帰」序文およびこれの該当部分を転載した「続日本後紀」の〝十五歳〟は誤りという結論に至るからこの学説にもろ手を挙げて支持を示す。そもそも一芸に秀でるべく何かを始める年齢としては〝十五歳〟では現実的に遅すぎる。5歳から9歳(10歳になる直前)の期間は、ほぼ、書法、文章法その他を完全習得させるに効率の良い期間かと思われる。

②については、曰く、『火葬を行った』と解釈できると。この一言がきっかけとなって「空海は『火葬』だったか『土葬』だったかについての一考察」を論述することになった。

論述に先駆け、北口雅章氏のマイベスト　ブログ　２０１７・11・06の『弘法大師・空海は、どのように葬られたか』に目を通した。職業を弁護士として登録した氏の見解はさぞや合理的思考に拠った内容であろうと期待したからである。件の「示人間以薪尽」の解釈は、しかし、期待が裏切られたそれであった。「示人間以薪尽」＝「荼毘に付す」＝「火葬」と解釈されていたからである。

以下は空海の死亡について報じた官報告示公文書の内容である。

これが『続日本後紀』に留められた。以下の囲い部分は、〝空海の風景〟（下）司馬遼太郎著　中央公論新社　２０００年４月10日改版12版　３８８～３８９頁から抜粋転写したものである。

「空海の死に関する「續日本後紀」の記事は簡素である。しかし別項でかれの死を弔う院宣の文章を掲載している。弔文だけに情感がある。空海の死の日は三月二十一日であり、院の弔書の日付は二十五日になっている。高野山から都にそれを報せる使者の旅程が四日かかったということであろう。仁明天皇の勅使がすぐ出発した勅使は、淳和上皇の弔書をたずさえていた。その弔書が、『続日本後紀』に掲載されているのである。空海のことを「真言の洪匠、密宗の宗師」とよび、突如逝ったことについて「あに図らんや――無常遂に侵さんとは」と言い、さらには高野山が都から遠く、都に訃報がとどくのが晩《おそ》く、このため茶毘（だび）のお手伝いをすることができなかった（茶毘ヲ相助クルコト能ハズ）と書かれている。茶毘とはいうまでもなく仏教の伝来と共に日本語に帰化したパーリ語で、焼身とか火葬とかの意である。この当時、一般に死者の葬り方について関心がつよかったために、都へ訃報を上達した高野山の使者が、葬り方について言い落したということはありえない。これからみれば、空海は火葬されたのである。火葬の習慣はインドでは仏教思想の一表現として、主として仏教徒のあいだでおこなわれ、仏教と共に日本につたわったとき、茶毘という原語のままそれが採用され、古代的な土葬壇の築造の風がすたれるほどにこれが広くうけ容れられた。空海が、密教は仏教の発達形態であるとしている以上、仏教の思想と作法にさからってまで非火葬の方式に固執したとは考えられず、おそらく右の公文書のなかにあるとおり、死体は釈迦以来の伝統どおり荼毘に付されたのであろう。そのほうが（留身に比して）『御遺告』のなかに揺洩してそれをありありと見ることができる空海の気魄《きはく》にふさわしいように思える。入定説は、よくいわれるように、空海の没後、一世紀もしくは二世紀ほど経ってから成長しはじめ、信仰のなかでつよい現実感を具えたと見るほうが、なだらかなような気がする。』

〃記事は簡素である〃とは冒頭『　』の官報告示のことである。この〃あとがき〃は素晴らしい。名著？に値する。この〃あとがき〃においてご自身の言葉で〃これは小説である〃と述べておられる。しかし、彼の言葉が活字になったならその内容には多大な影響力があるということを、言ったからには責任が伸し掛かるということをご自覚いただきたいものである。『　』の中のご主張内容はこれを〃はあ、そうですか〃と言ってなにも言わずに見過ごすわけにはいかない。きわめて重要な内容が述べられている。小説とは言いながら論考の体は充分ととのえられている。

以下、この論考にたいする異見を述べる。

ここに、火葬＝（入滅）、土葬＝（入定）とする。死者の葬り方についてこの当時一般に関心が本当につよかったのであろうか。一般とはどの範囲を想定されての記述なのだろうか。庶民にまでその関心はひろまっていたのか。いや、そうではあるまい。伝達役の高野山の使者にさえ関心は強かったとのことだが、葬り方についての関心が当時つよかったことを裏付けるような記録が残っているのであろうか。700年、法相宗宗祖といわれている道昭が火葬で葬られた最初の僧侶であったという記録は残されている。その後貴族仏教徒のあいだにおいてはこの関心はひろがりをみせはじめはしたものの現実にはひろまらず、その後で記録されているのは703年の持統天皇お一人方のみである。以降空海存命までの130有余年間で火葬された高僧、貴族仏教徒などの名が記録された史料を知らない。「仏教の思想と作法にさからってまで非火葬の方式に固執したとは考えられず、云々」と氏はおっしやるが、唐朝僧の不空三蔵法師はどうだったのか、空海師恵果和尚はどうであったのか。

釈尊の「転輪聖王」の葬法はインドのそれである。釈尊との年齢差十歳も違わないとされている孔子の時代以前から歴代皇帝のみならず貴族諸侯に至るまですべて土葬法を採用しこれを実施してきて唐朝にいたったのであるから、当然ながら当該唐朝は釈尊のそれを受け入れず〝禁止〟にしたのである。したがって法師、和尚の二人の唐朝高僧は唐朝の葬法に則って土葬に付されなければならなかったはずである。ところで、この二人を師と仰ぐ空海が大和奈良大神《おおみわ》神社に一時期関わった事実があることをご存知だろうか。この事実は一般にはほとんど知られていないと思われるが、しかしこの神社がわが国最古の歴史を誇る四代神社（大神神社、石上神宮《いそのかみじんぐう》、大和《おおやまと》神社、檜原《ひばら》神社（後の伊勢皇大神宮）の筆頭にあることは、日本書紀垂仁期に創建された旨、がかかげられているところからあまねく知れわたっているかと思う。この大神神社には『三輪流神道師資相承血脈譜』（現在高野山大学所蔵）

というものが代々伝えられてきている。この『譜』は日向縄文王朝初代・国常立尊《くにとこたちのみこと》から大和朝廷50代・桓武帝までおおよそ70人の天皇によって相承されてきたのであるが、帝ご崩御の後、由緒正しきこの『譜』を皇族でもない一民間人である空海が相承したことが記されているのである（「大神神社史料」第六巻昭和五十四年十二月二十三日発行）。桓武天皇の後任として第51代に神主として一時期着任しえたのは〈『血脈譜』に名を列ねられたのは〉いったいなぜなのか。これについて伝承がある。

『お大師さん（弘法大師空海）の身体《からだ》のなかには生母・阿古を介してニギハヤヒ大王の血がながれているということを平城ないしは嵯峨帝はご承知あそばされていて、おそらくは嵯峨帝かと思われるが、桓武帝亡き後の神主を託すに遜色ない血統の持ち主として唐からの帰還まもない空海に白羽の矢をお立てになられたのであろう』という伝承である。

また云う、『お大師さんのいわはる（おっしゃる）『大日如来』は皇祖神・〝天照大御神〟を暗示している：〝大日〟は「おひいさま（太陽神）・天照＝ニギハヤヒ」すなわち『男性神』を、〝如来〟は「おつきさま（月神）・オオヒルメアナムチノ命＝アマテラス」すなわち『女性神』を暗示している』と。したがって、いわば三輪流神道から得られた発想によって『大日如来』の思想解釈がうまれたのではないのかと筆者は考えている。さらに、古来、神道は亡骸《なきがら》を「土葬」で葬《ほおむ》る慣《なら》わしとなっているが、「土葬」後、この亡骸の石碑、位牌には「＊＊＊之命位」と「命《みこと》」入りの文字が刻まれ、その石碑、位牌は〝ひとはしら〟（一柱／人柱）と呼ばれるのである。土になっても神人（命）となって生きつづけると言う思想であろうか。この思想が発想の原点になって仏になっても生きつづける悟りの思想が『入定』思想へと発展したのであろう。

『大日如来』は神道的匂いのする「仏」であり、『入定』は神道的匂いのする「埋葬」である。と言う伝承である。

ここに『大日如来』に関する有益な(筆者は納得がいく)文献がある。

以下、参考までにかいつまんで引用、掲げた。

〝甦った空海―密教ブームの秘密〟和歌森太郎　河出書房新社　再販発行　昭和五十九年四月二十五日　10～22頁(講談社「現代」昭和四十八年八月号所収)『〝自然回帰〟の原点に――密教自体、自然と共にすごしてきた人間の原始信仰を土台にして、大日如来信仰の理念を軸にした仏教哲学をもって、整理したものである。したがって、自然に帰れ、原始に帰れと言うことは、密教の原点に帰れということである。大日如来との出会い――――日本人はみな自然というものに対して、あこがれとおそれをいだいている。自然の至るところに信仰対象を見出し、畏敬の念を寄せている。こうゆう原始信仰がある。――ここに説かれているのは、大日如来の信仰で、大日如来の導きにしたがっていくと、自然に対する迫り方がよくわかる。そこには〝仏〟よりも、日本人が一般に崇敬対象としている〝太陽〟と相通ずるものが在り、日本人としての空海の根性みたいなものに、ピンときたらしい。山中に曼荼羅世界を築く──入唐前の空海は、密教に触れてはいても、まだ曼荼羅というものには気づいてはいなかったと。──空海が恵果に学んだ曼荼羅観というものはまず大日如来を再興の仏として、中心に配する。──帰朝した空海は、昔から日本にあった自然崇拝に由来する原始宗教をベースに、まず曼荼羅を描いてみせた。人はみな成仏しうる──密教と言うと、加持祈祷をする、まじない(呪い)をするとみられている。
　しかし、経の唱え方にしても加持祈祷にしても、曼荼羅に誘う手段なのである。──日本の山岳信仰は、女子をけがらわしいものとして忌避《きひ》し、山頂へ登ることを厳しく禁じていた。しかし、空海は、女人は女人なりの悟りをひらき、曼荼羅世界に入れるようにした。これが女人高野である。人はみな可能性として成仏し得る──これが空海の仏教観だったのである。空海が日本に打ち立てた真言密教は、中国の唐で学んだものをそっくり移植したと言うものではない。日本人が本来持っていた自然信仰やまじないをうまく仏教的にアレンジして、日本の真言密教を打ち立てたのだ。──』

〈下線は筆者〉

この中でとくに首肯できるのは『──女人は女人なりに悟りをひらき、曼荼羅世界に入れるようにした。これが女人高野である。人はみな可能性として成仏し得る』である。

これは『仏』の概念および『入定』（≠即身成仏）の思想そのものであるように思うからである。『入定』思想を信条としてきた空海が、さらに生母の里方当代が初代以来二十六代までの期間おおよそ816年間守りつづけてきた物部神道、この神道の神髄を彼の身体の中に50パーセントしみこませたいわば生粋の神道家の血統を継受した空海が、この期に及んでおのれの信念や主張をまげてまで仏祖釈尊の「葬送」＝「火葬」にしなければならない理由はみあたらない。二人の師恵果和尚と不空三蔵法師にたいして深い尊崇の念を抱いていた空海がその二人の師をはるかに超える〝釈尊の舎利〟＝「火葬」によって得られる〝舎利〟をのぞむなどと言う大それた行動をとるなど断じてありえない！空海の身体のなかにながれていた血をいくばくかは受け継いでいる筆者の身体のなかの血がそのように言わせる。百歩譲って、かりに空海が「火葬」＝「入滅」を望んだとした場合、弟子たちに対しては後顧に憂いなきよう、なぜそうするのかの理由をかならず遺言したはずである。そのような遺言書は現在のところ存在しない。「土葬」によって埋葬されたとするのが自然であろう。

ところで、「入滅」か「入定」かの論争は『高野山』にとっては無用の論であろう。「入定」を確信して諸佛行事を空海入寂以降今日に至るまで一日たりとも欠かすことなくとりおこなってきているからである。しかし高野山でなくとも信徒でなくともおおくの親弘法大師派たちも「入定」を確信していると思われる。筆者も親派の中の一人である。そんな筆者はこの論争の決着を見届けて彼岸を渡りたいと願っている。しかし決着は論争ではつかないとも思っている。

よって、この論争の短期決着法をここに提案する。

人のルーツを見出せる優れた化学分析の手法として30年ほど前に実用化されたＤＮＡ鑑定法と言うものがある。比較的安易に利用できることや、その結果の信頼度がほぼ１００パーセントといわれるほどに優れた手法となってきたため関連分野で広く普及してきた。これはたとえば骨（検体）の中心部位組織から抽出した抽出物のなかのミトコンドリア（エネルギー産生に関わる真核生物の細胞内小器官の一種のこと）〈新語時事用語辞典より〉ＤＮＡを分析することによって人のルーツの情報をうることが可能となったのである。しかし、このミトコンドリアＤＮＡ分析法は女性のルーツをたどるのには有効な分析法であったが、抽出技術の確立が十分でなかったことなどの理由からだと思われるのだが男性のそれはたどれないという利用範囲に限界がある方法であったのである。

この分析法は、しかし、現在、２０２２年時点ではもはや過去の方法となっていて、いまや、大量の情報を持つ核のＤＮＡ情報を解析可能にした分析法がこの分野での主流となっていることを篠田謙一博士は「人類《じんるい》の起源《きげん》」中公新書２６８３において述べておられる。

『抽出物の微量ＤＮＡを増幅する技術であるＰＣＲ法の発明を契機として、』〈.ⅳ頁〉、『二〇〇六年に次世代シークエンサが実用化すると、大量の情報を持つ核のＤＮＡの解析が可能となります。』〈１頁〉と。

この方法で遺骨の〝DNA解析〟をおこなえば遺骨から得られる情報は豊富であろうから、この論争は短期間に相応の決着がつくことになるものと考えられる。

以下、その考えを述べる。

件の遺体は火葬であっても土葬であっても付された遺骨は高野山奥の院廟所窟内におさめられたという前提での私案である。

火葬であろうが土葬であろうが、いずれでも保存環境がととのっていればの話ではあるが骨は遺る。この骨をDNA鑑定に供することによってこの人のルーツを探し当てるのである。しかしながら、火葬骨であれば骨中心部位組織の完全焼却によって完全脱脂骨になり抽出物が骨中に残存しなくなるから遺伝子情報は得られない。したがってこの遺骨が空海のそれであるかないかはこの鑑定法では判別できないことになる。しかし、葬り方が火葬であったということは骨片一枚さえ遺っていれば判別はできることになる。

一方、土葬骨であれば骨中心部位組織の残存抽出物のミトコンドリアDNA分析などをおこなうことによってその母の遺伝子情報などを得ることができる。この得られた知見は空海の母の里方である京都阿刀家の遺伝子情報と重なる（一致する）部分を提供するはずであるから、京都阿刀家が遺伝子情報の提供をしさえすれば定性は可能となる。

京都阿刀家（筆者家）は求められれば当然に現在京都国立博物館に寄託中の「糞掃衣断片」を含め

た必要と考えられる鑑定のための検体資料のすべてを提供することに吝かではない。むしろ、おこなわれることを、妄言ではなく、切望する者である。その結果、遺骨は空海その人のものであると推定確認できることになる。同時に葬法が〝土葬〟であったと言うことも確認できることになる。さらに、該骨の炭素14年代測定法によって空海の入寂入定年も確定され推定確認は確定確認に至れるはずである。高野山に私案の実行にご協力をお願してそれがかなえられれば千年一日の速さでいとも簡単短時間に〝火葬〟か〝土葬〟か、すなわち「入滅」か「入定」かの結論をうることが可能となる。弘法大師諡号下賜の報告のため長者観賢が廟所窟内に空海を訪ねるべく開門して以来開けられたことのない廟所窟の門に巻き付けられたであろう開門禁止のための鎖、これはもう「高野山」の権威の象徴といっても過言ではないいわゆる〝権威の鎖〟、これを断ち切る勇断を高野山が下されることを願うばかりである。

つぎに、上記「碑文」は現中国西安市青龍寺内在であるが、ここに刻まれた『――――遂乃。以永貞元年歳在乙酉極寒月満。住世六十。僧夏四十。結法印而摂念示人間以薪尽。嗚呼哀哉。――――――断腸埋玉。爛肝焼芝。――――』について、私見を述べ、首記本題の一考察をおこなう。

はじめに、『示人間以薪尽』についての解釈について私見を述べる。

「示人間以薪尽」の「薪尽」とは、〝薪が燃え尽きるように、静かな最期であった〟と和尚の亡くなったことを伝達したとの解釈は一般にはされているようだが筆者もこの解釈を支持したい。しかし、正直に記すと、この文言は、筆者には直感直覚的に「狼煙」を想像させる。すなわち和尚の円寂（摂念）を隣人周辺に知らしめる伝達手段としての狼煙的手法をイメージさせる。「薪を焚いて煙を発生させて知らしめた」と。

つづいて、『断腸埋玉。爛肝焼芝。』について私見を述べる。

「埋玉」は玉体〈亡骸＝遺骸〉を埋めた。「焼芝」は埋めた玉体を焼く／燃焼させる／焼却すると読めるから、これでは「火葬」の作業手順が不道理である。埋めるとは穴を掘ってその穴に静置した遺骸に土を覆い被せると言う意味であるから、土で覆った遺骸を燃焼させる／焼却することは可能とは思えない。この手順では燃焼／焼却可能な火力を玉体全体に供給できるとは到底思えない。「燃焼／焼却後、埋葬」ならば道理に叶う。

つづいて、死亡して葬儀が終了するまでの期間—『遂乃。以永貞元年歳在乙酉極寒月満。』住世六十。僧夏四十。結法印而摂念。『示人間以薪尽□。』嗚呼哀哉。——————『簡日於建寅之十七。卜瑩于城□之九泉。断腸埋玉。爛肝焼芝。』について私見を述べる。

円寂（摂念）から埋葬までの期間が一月《ひとつき》近くあったことになる（永貞元年（８０５）12月陰暦15日（８０６年1月8日西暦）円寂、８０６年1月17日（８０６年2月9日西暦）葬送であるから、32日後すなわち33日目に埋葬したと考えられる）から、冬の季節とは言え埋葬時点で遺骸はその周辺に腐敗による夾雑物が存在する程度にまで腐乱状態が進行していたであろうことが推察される。そもそも、なぜこれほどながい期間が必要なのか。ここでは不明である。おそらく密教の葬送儀礼に則った諸行事を完遂させるに必要な日数なのであろう。

ところで、中国西北大学教授(２００５年7月時点)王維坤《おういこん》先生は、『遣唐使の見た中国と日本』専修大学・西北大学共同プロジェクト編朝日新聞社、２００５年の１０４頁において、

> 井真成の死去から葬儀までの期間は、最長でも三三日間、最短の場合は一三日間となる。『唐代墓誌彙編』上・下・続集所載の唐代の墓誌を参照すると、当時の墓主の死去から葬儀までの期間は、平均七ヵ月程度なので、仮に三三日間かけたにしても、異例の短さである。――――、以上は矢野建一先生の考証であるが、――――
>
> (下線筆者)

と述べておられる。この報文内容は、上記「碑文」内容から読み取った件の「円寂から埋葬までの期間・33日目に埋葬」の妥当性を示唆していると考えられる。

「玉体を埋めて、芝を焼く」とは埋めた遺骸の周辺の腐乱物を焼き払って遺骸を綺麗にしてから正式埋葬すると言う目的でおこなわれる作業状態を表現している文言と解釈したい。したがって夾雑物を除去清掃する程度の燃焼力が確保できさえすれば「焼芝」の成果は十分にあげられるはずである。こ

の段階の作業は『火葬』とはいわない。遺骨中心部位組織を完全焼却させてしまい〝完全脱脂遺骨〟のみが原型を留めている状態を齎《もたら》す遺骸焼却方法を『火葬』と言うのではなかろうか。確かめたわけではないが800〜1200度程度で〝完全脱脂骨〟は得られるのではなかろうか？この800〜1200度領域の温度を『火葬温度』（筆者の造語）と呼ぶ。筆者は『火葬』か『土葬』かの基準を遺骨中心部位組織の残存物DNAの有無の検出確認作業の結果に求めたい。残存抽出物質が有機物であることに鑑みれば有機物の塊《かたまり》である肉体の一部が残存していればそれは『土葬』である。蠟燭の火の炎の先端部分が、概ね800度である。この温度では遺骸の焼却は時間をかければ可能かもしれない。しかし件の組織の焼却まではとどかない。

さて、少々横道にそれたが〝茶毘に付す〟についても一言私見を述べてみたい。

前述の如く「碑文」は〝円寂（摂念）から埋葬（葬送）〟までの期間が概ね一月を要することを語ってくれた。いっぽう、この上皇の弔辞文『淳和上皇弔辞文』中の〝茶毘ヲ相助クルコト能ハズ〟ならびに高野山から発せられる伝達者の旅程日数が四日を要したことを根拠に司馬遼太郎氏が〝茶毘に付す〟までの期間を概ね四日以内と見做しているところを考えると、かつまた〝茶毘とは焼身とか火葬とかの意である〟と述べているところからも、『弔辞文』は〝摂念から埋葬〟までの期間は〝死亡から、焼身はともかくも、火葬までの期間〟に置き換えて読み込めるからこの期間が概ね四日以内を要することを語ってくれていることになる。『碑文』と『弔辞文』から『火葬ではない』と『火葬』間では〃埋葬期間〃に明確におおきな差異があることを知ることが出来た。この知見は『火葬』＝〃荼毘に付す〃＝「遺骸安置期間が四日以内」が同時に『火葬ではない／土葬と言えるかもしれない』に比べて遥に費用の掛かる葬送法であることを想像させる。以下は筆者の独断と偏見の意見だとの誹りは免れないかもしれないが述べてみる。太古、刀剣制作には絶対不可欠である踏鞴窯《たたらよう》(備前刀作成に使われた窯遺跡)の設備が必要とされていたが、当時石灰化温度もしくはこれに近い温度を得るにはこの踏鞴窯の設備的設備が必要であった。この設備が費用的に整えられなくとも、この時代で『火葬温度』を得ようとすれば、すくなくとも鞴《ふいご》《酸素供給用送風装置》の設置は絶対不可欠であったはずである。鞴のみの設置であってもその費用捻出は庶民では望めまい。したがって特権階級のたとえば一部の皇族の間でしか『火葬』＝〃荼毘に付す〃は広まらなかったのであろうとの意見を筆者は持っている。この〃荼毘に付す〃とは火葬後の遺骨を壺(例えば骨壺〈＊2〉などに納めて埋めるか、あるいは麻布に包み直し、包み袋を埋めると言う手順を踏んだ埋葬法かと思われる。恵果和尚が〃荼毘に付された〃といわれるのは、この空海碑文中の「薪尽」、「焼芝」にもとづいているのであろうが、ここは前述の如く「火葬の作業手順不道理」であるから恵果和尚が『荼毘に付された』を否定している。これによって、空海師・青龍寺主・恵果和尚は『土葬法』によって埋葬されたはずであるとの結論を得た。和尚は『入定』したのである。

〈＊1〉「高僧の死亡通知の慣用句」とも取れなくもない解釈がなされている史料がある。

傍訳　弘法大師空海　『性霊集』（上）　宮坂有勝　編著　四季社　〈192-193頁〉には、「人間《にんげん》に示《し》すに薪《たきぎ》の尽《つ》くるを以《も》てす。」と読み下し、「世間の人々に示すのに無余涅槃に入ることを知らせた。」と傍訳されている。大先達に筆者ごときが評するのもおこがましいが、この〝無余涅槃に入ることを知らせた〟と訳された先達の感性に脱帽である。みごとな文言に感激である。もろ手を挙げて受け入れうる。ここでの「薪尽」とは、「無余涅槃に入る」と言う事だから「お亡くなりになりました」(摂念し）と言う死亡伝達慣用句と考えられそうである。中国思想史（道教）研究の権威・福永光司先生のご識見（〈＊3〉）を拝借すれば、〝「亡くなった」〟は以下の言葉で表現される。「遷化」、「化去」および「入滅」である。このうち「遷化」と「化去」は同義語で『土葬』による埋葬法に拠っていることを指す。一方、「入滅」は『火葬』によるそれを指すと。そして、中国では「入滅」すなわち「火葬」の風習は嫌われる、この風習は〝無い〟とまで言い切っておられる。このご賢察は、筆者の愚説「埋玉」「焼芝」＝「火葬の作業手順不道理」を追認しているから、『空海師・青龍寺主・恵果和尚は『土葬法』によって埋葬されたのである』と断言でき、注視に値するご賢察である。

〈＊2〉「骨壺」とは埋葬後の骨を入れる／納めるための壺とされている。考古学者はなぜかこの壺を「骨壺」とは言わずに「骨蔵器」（〈＊3〉）と呼んでいる。それにもかかわらずこの壺(器)の中に入っていればその骨は　〝火葬骨〟だときめつけているふしがある。この壺が発掘されるとその場所を〝火葬墳墓〟だと言う。この墳墓の壺の中の骨が「火葬骨」だときめつけてしまっているからなのだろう。火葬骨か土葬骨かまたはその他の葬法によってなされた遺骨なのかについて科学的手法(例えばＤＮＡ鑑定法)によって確認検証する必要があるのではないか。遺骸を取り敢えず土葬して時間的もしくは経済的余裕ができた後の回忌で掘り起こして、骨、臓器などを骨壺に移し替えて年忌を迎えると言うことは、土葬が法令で禁止される明治時代初期ごろまで以前においては、庶民間ではままふつうに常態化していた事実がある。したがって「骨壺」とは火葬骨のみを納める壺であるとの認識は当たるまい。考古学者のこれにたいする使用目的的解釈ではなく、この解釈をふくむ汎用解釈で使用される「骨壺」であって、「骨蔵器」という言葉は当をえている正しい使い方ではないかと思われる。

〈＊3〉『空海を解く』ＩＢＭ四国空海シンポジウム　上山春平・森浩一　(株)徳間書店　〈299／300／307 頁〉

淳和上皇弔辞文『荼毘ヲ相助ルコト能ワズ』について私見を述べる。

司馬遼太郎氏はこの弔辞文を根拠として空海は火葬されたと主張されるが火葬の風習が一般にひろまっていたとの資料（史料）をおもちなのか。ごく一部の高貴の身分の仏教徒にのみは関心がもたれたであろう事例は先述の如しである。「火葬」＝「荼毘」はしたがっていわば殿上人の特権葬法であるから弔辞文は上皇の空海にたいする尊崇の情から発せられた〝お世辞〟であったととらえるのが自然のように思われる。この時点でこの特権を空海自身が弟子たちに行使するよう遺言したとは上皇ご自身はよもやお思いにはなってはおられまい。また、そもそも上皇であればこの件に関するご関心のつよさは人一倍だったと考えられるから、すでに前段の恵果和尚のところで述べた如く《「埋葬行事終了後に「埋玉。焼芝。」までには一月近くかかる」》ことを当然にご承知であったはずである。したがって、「該当日、葬儀の準備のための手伝い人を遣わすこともできないが」ならばこの情景での弔文としてはありうる効果的表現かと思うが、『荼毘ヲ相助ルコト能ワズ』となると死亡上達から弔書拝受までの期間がわずか四日であることに鑑みれば、何をかいわんやである。これはすなわち、上皇の〝リップサービス〟か、またははなはだおそれおおいことではあるが、穿った見方をさせてもらえば、〝知識のひけらかし〟をなされたのではないかと思わざるをえない。

首記『続日本後紀』の内容、および「自有終焉之志。隠居紀伊国金剛峯寺。化去之時六十三」の内容こそ簡素かつ正確至極の表現官報告示文である。

上皇院宣における空海埋葬期間は「荼毘ニ付ス」＝「火葬」＝「入滅」まで四日以内であると認識できた。一方、筆者考察における空海埋葬期間は空海師・恵果和尚の葬儀を類推適用して「土葬」＝「入定」までに一月近くかかったはずであると確認できた。この〝確認〟は空海の思想信条にその根拠を置けると筆者は考えている。空海は恵果和尚の思想信条を１００パーセント受け継いだのであるから〝その時到来〟の処し方についても当然後者の葬儀（葬送法）を指定したと確信する。この確信が筆者に空海は「化去《かきょ》入定《にゅうじょう》」（福永光司先生のご識見参照）したのであると言わしめているのである。

官報告示「化去之時」は、福永光司先生ご識見の〝「化去」とは『土葬』のことである〟によって土葬されたことが判るので、過不足無い完璧な達意の文言なので、「入定」さえも不要と思えるが、書記官が告示文の「化去之時」に続ける文字を考えるとすれば、やはり「入定」であろう。この二文字を伏して、しかし〝入滅〟の文字に置換し難く、さてどうするか？　との迷いがうかがえる。結果は「入定」の二文字を封印した。公文書書記官の知性が眩しく光って見える。この書記官の行為は空海が「土葬」されたことが事実であったことをかえって浮き彫りにしたことになったと筆者は思考する。書記官は上皇の弔文の内容を当然に知り得る立場にあったはずであるから、「入定」を封印することによって、ここの欠落二文字は「入滅」かもしれないと思ってもらってもいいですよ！と、上皇に忖度したとも考えられそうである。

参考文献

宮坂宥勝　平成13年3月21日「傍訳　弘法大師空海　性霊集(上)」〈１６８～１７２頁〉
株式会社　四季社
王　維坤　２００５・７・25「遣唐使の見た中国と日本」専修大学・西北大学共同プロジェクト編
朝日新聞社
北口雅章　２０１７・11・06「弘法大師・空海はどのようにほうむられたか」マイベスト ブログ
司馬遼太郎　２０００４月10日　改版12版「空海の風景(下)」
中央公論新社
和歌森太郎　昭和五十九年四月二十五日〝甦った空海―密教ブームの秘密〟河出書房新社　再販発行
昭和五十九年四月二十五日〈10～22頁〉(講談社「現代」昭和四十八年八月号所収)
篠田謙一　２０２２年１１月５日６版　「人類《じんるい》の起源《きげん》」〈ⅳ頁、１頁〉
中央公論
中山和敬『神道灌頂《かんじょう》三輪流師資相承血脈』高野山大学所蔵　第六巻三輪流神道篇
大神神社史料編集委員会
昭和五十四年十二月二十三日発行

(＊)：菅原道真の実孫・淳祐《じゅんゆう》(大津石山寺再興の祖〈平成十四年で開基１２５０年の歴史を持つ〉は真言宗の醍醐寺僧観賢《かんけん》の弟子、観賢は醍醐天皇の覚えめでたく祖師空海に大師号を頂きたいと請願して許可された僧である。延喜二十一年（９２１）十月二十七日、観賢（68歳）は淳祐（32歳）と阿刀家30代法橋大威儀師・仁勢（58歳）を伴って勅使と共に高野山奥の院に大師号下賜の報告。この時、分かち与えられた着衣遺品・大師袈裟・『糞掃衣断片』は、現在京都国立博物館に阿刀弘敬名義で寄託中である。

令和四年霜月新嘗祭の日に　京都阿刀家六十八代　阿　刀　弘　敬

本第八章は令和四年一月二十二日近畿大学石井隆之教授ご退任記念論文集に栄名を頂いて寄稿した論考に一部補足追記したものである。

第九章　史跡「頭塔《ずとう》」（神護景雲元年（767年）造立（「東大寺要録」））についての一考察

―正倉院は何故あの位置に建てられたのかについて―

（文責）阿刀弘敬

〈結　論〉

奈良東大寺南方、「正倉院」真南方に存在する史跡「頭塔」は僧正玄昉の「天平清水寺《しみずじ》」（以下、旧清水寺と記す）敷地内北東隅詰め位置に配置された玄昉自身の「墳墓」である。同時に玄昉を神と崇めて昇華せしめて〃鬼神〃にいたらしめその神霊を頂く本殿または拝殿の性格をもった「鎮魂殿」でもある。「頭塔」の「鬼門」位（「鬼門」の方角）が旧清水寺地の北東隅における「鬼門」位に重なる形（「鬼門位を共有する形）に両者が配置されている。このことから「頭塔」は「旧清水寺」の〃鬼門除《きもんよ》け〃を目的として建立された「祠堂モニュメント」であると考えられる。また旧清水寺寺地外に建立された「正倉院」は「聖武天皇の為」だけではなく「平城京城郭」の東北隅詰め位置に配置されているところから〃鬼門封じ〃をも兼ね備える目的をもって建立されたと考えられる。これらの考察からこれら周辺エリアを　〃玄昉ワールド〃と捉える学者もいる。この言葉は至言明言であると。まったく同感であるが、《光明皇后（以下皇后）―玄昉》ラインと呼ぶことにする。

〈考　察〉

奈良興福寺近隣にある現福智院および現十輪院はそれぞれの寺伝(『福智院の由来記』玄昉僧正一壱千弐百五拾年御遠忌によせて—)、(『南都十輪院』)によれば玄昉およびその弟子・魚養に深く関わりのあった寺であるとのこと。「智輪両院」の現在の配置位置や「頭塔」中心域を含む周辺域関連該当施設の配置位置を精密衛星写真上で確認すべく熟覧していた時だった。何かは定かではなかったがそこには感じるものが確かにあった。それは今日では生活の中に深く根付いている家相の風習（新築する際などにおいてしばしば採り入れられている風習）における「鬼門」に関することであったのである。すなわち「両院」が「頭塔」の裏〝鬼門〟領域内に存在している、もしくは配置されているのではないかといった漠然とした想いを抱いたことであったのである。

しかし現在では根付いていると思われる我が国の「鬼門」の風習の起源がいつごろまで遡れるのか、当時代にまで遡れるかと言うことが問題であった。この問題を解決しなければ先へは進まない。われわれは以下のいくつかの事実や史実から遡れる時代を知ることができる。

(1)〝隅寺《すみでら》心経〟としてつとに有名な海龍王寺《かいりゅうおうじ》と言う寺の由来を知っている。この寺は玄昉渡唐中の安寧を光明皇后自らが願った場所だと言われている由緒正しき寺である。皇后の父・藤原《ふじわら》不《ふ》比《ひ》等《と》の御殿の北東隅に位置するため「隅寺」と通称されている。この位置はまさしく〝鬼封じ〟を意識した配置になっている。この「鬼門」については後述する。

（2）孔子〈論語先進〉は〝季路問事鬼神〟司馬遷〈史記李斯伝〉は〝断敢行鬼神避之〟「礼記」〈中庸〉は〝鬼神之為徳其盛埃乎〟など（鎌田、米田共著『漢語林』大修館書店）紀元前５５０年（前６世紀中葉）以降に浸しめる中国シナの道教思想のなかに具体的に〝鬼神〟の文字を見出すことができる。

（3）玄昉留学は8世紀。期間19年。勉励刻苦の生活の中庶民生活の中にすでに深く浸透していたに違いない〝鬼神〟思想に基づく家相風習をまったく知らずに過ごせたとは考え難い。

遡れる時代は以上のごとくであるから玄昉は「鬼門」の風習真っただ中に帰国したに違いない。その翌天平八年（７３６）二月、玄昉に「封戸百戸、田十町、扶翼童子八人」が下賜された（『続日本紀』）。この「下賜田十町」を寺地として旧清水寺は建造されたとのことである（村井古道『奈良坊目拙解』（享保十五年））。その際、関係者に対し玄昉は在唐中に経験した〝鬼神の風習〟を自ら教授しこの思想導入に執着し、その採用をつよく望んだに違いない。ところで、「頭塔」造立に関わった人たちとして良弁、道鏡、実忠、吉備真備と孝謙女帝をかかげる説を通説とするらしいが合点がいかない。光明皇后、恵美押勝（藤原仲麻呂）がここに加えられていないからである。皇后および仲麻呂卿はむしろ造立発案者とその実質築造総責任者の位置にあったとは考えられないだろうか。皇后は隅寺の配置の意味を認識しておられたであろう。仲麻呂卿は整いつつあった和風省庁名をソックリ唐風に置き換えてしまったことによって〝唐カブレお大臣〟〝唐ビイキお大臣〟とまで呼ばれたほどの人である。また玄昉にご留心の人であったとも伝えられているので〝鬼神思想に発した家相の風習〟についても僧正から詳細情報を得ていた可能性を否定できまい。したがってこの思想風習については他の人々よりもおそらく皇后に並んであるいはそれ以上かもしれない高い見識を持った人であったと想像する。さらに加えれば塔基壇に重ね石段敷を採用するなど該塔外観同内部構造に至るまでもシナ様に変え得る深い知識をも持ち合わせた人であったように思われる。玄昉縁《ゆかり》の旧清水寺の「鬼門」隅(角)に「頭塔」を配置せしめ得た人はこのご両人を措いてほかにはいないと考える。政治力と経済力および家相風習と築造技術に対する深い造詣が「頭塔」造立事業計画の立案着手を決断させたと思料する。残念なことはご両人が「頭塔」の完成をみぬままこの世を去られたことである。

さて、首記結論をみちびくための基本ライン二本を示す。

一本目は「頭塔」「智輪両院」の敷地面積（以下、地積と記す）を形成する四ないしは五ヶ所の角(隅点（杭置点）〈杭打ち位置〉のすべてが「鬼門」外に存在することを示すこと、そして二本目は「隅寺」(海龍王寺）が「法華寺」の「鬼門」方角に〝鬼門封じ〟として存在していることの意義を識ることである。これらの識示内容から歴史事跡（地積とその配置状態の形跡）が「鬼門」思想にその発想の礎台を重点的に置いて構築されたであろうことを読み取ることができると考える。〝読み取った〟ことを明らかにすることによって《皇后―玄昉》ラインの存在を確認することができると確信する。

以下、首記結論にいたった経過次第を示す。

（A）前段で用いてきた「鬼門」については、以下においては、これを鬼門と〃鬼門〃に使い分けをして記述してある。
鬼門は『災難凶事』を招来する門いわゆる〃鬼門封《ふう》じ〃を目的とした門の意味に使用した。-鬼の侵入経路を断つ目的の門- 〃鬼門〃は『吉報吉事』を招来する門いわゆる〃鬼門除《きもんよ》け〃を目的とした門の意味に使用した。-鬼の侵入領域を含まない（除いた）領域を提供する門-そもそも通常生活をする中での「鬼門」の捉え方は極めて曖昧である。

「方位」も、「方角」も、「方向」もそれぞれ異なる意味解釈で使われるにもかかわらず解釈混同で同義に扱われている。この現状で表現すると〃「隅寺」は「法華寺」の隅北東の方向にすなわち「鬼門」の方向にある〃と言ってもまったく問題ないのである。この場合正確には「方向」は「方角」（但し、45度の方角は「方位」）「鬼門」は鬼門と表記するのが正しいと考えている。但し以下においては本来「方角」と記すべきところであるが「通例」にしたがって「方向」で統一した。鬼門〃鬼門〃共に表と裏の「鬼門」をもつ。

〈家相の図〉（東京神正館版　高島暦出版本部編）にはこれらの「門」の家相診断のための方位効能が示されている。その内容を引用する。

『（表鬼門）領域（以下、域）：艮位線域：　＊門、入口、玄関は設けてはならない
＊張りは長男相続ない（家系が絶える）

（裏鬼門）域：坤位域：

＊便所あれば内臓患う（病人がでる）

＊張り出しは女主人多い』

まさしく、これは「凶」〈災難凶事招来門（仮称）〉の領域である（＊㋐）

『（表〝鬼門〟）域：甲卯線域：　＊台所、浴室、井戸（吉）

＊門玄関入口、窓あるは（吉）

＊本宅より高い建物（凶）

（低いは（吉）と解釈できる）

（裏〝鬼門〟）域：庚酉線域：　＊便所差し支えない（吉）

＊出入り口ないものを（吉）

＊床の間、神仏祀るは（吉）』

まさしく、これは総じて「吉」〈吉報吉事招来門（仮称）〉の領域である（＊㋑）。

（B）論述順序《ろんじゅつじゅんじょ》を示《しめ》す。

本論の目的達成のための首位着眼点は「頭塔」の位置にある。「頭塔」を誰が如何なる目的をもって造立したのか、その位置にどのような意味が存在するのかを明らかにする。

その証明過程が目的達成《皇后――玄昉》ラインを帰結せしめると考える。

(1)方位から寺院地の位置を決定する。
(2)決定された寺院地の地積を算出する。
(3)算出された地積値に資料値との整合性が見出せればこの方位によるロジックには妥当性があると信ずる。
(4)(3)によって結論を導く。

すなわち、『旧清水寺地の北東隅はいわゆる「鬼門」隅となっていて、隅上を「頭塔」が「鬼門」位を一致させて共有する配置になっていると仮定する。』としてはみたものの結果的には後述A。〈作図作業手順〉(4):2):のごとく仮定ではなしに現実になってしまっていたのでこの結果はこの「頭塔」が「鬼門」の役割を持たせる目的をもって造立されたものであることを示唆していると言えそうである。そうだとすればこの現実は〝「旧清水寺」をその史料がないからといって無下に捨象せず「頭塔」がそこに存在するから「旧清水寺」はここに存在していたはずである〟と主張してもよいと語ってくれているようにさえ思えてならない。この思いを通せば、「塔」造立年(767)以降、旧十輪院は旧福智院に、旧福智院は「頭塔」に、したがって旧十輪院もまた旧福智院を介して「頭塔」に守られてきたのである。現在の「智輪両院」もまた然りで今日に至っているのである、と。ちなみに記す:「頭塔」中心を「鬼門」としたときこの門は〝鬼門除け〟として存在し、「智輪両院」はこの門が提供する(裏〝鬼門〟)域〈吉報吉事将来門〉領域内にあることになる。

（C）本題にはいる。

ここで、昭文社発行（縮尺１／６０００）奈良市中心図の該部分拡大図、および建設省国土地理院発行（縮尺１／２５０００）奈良平城京地形図部分拡大図を利用して、これらの図上にそれぞれ十輪院、福地院地積図を作図し（図-A1）・添付付置資料11⑨〈151頁〉、および（図A2）・添付資料11⑨〈196頁〉とした。ここでは「下賜田」、「□下賜田」在中の「旧清水寺」「旧福智院」および「旧十輪院」の配置位置を推定しそれらの面積を算出する。

算出は以下の条件下で行う。

〈算出条件〉

（1）東七条大路の位置は不動とする。

但し「大路巾」（＊注）については図を利用する上で考慮すべき点を後述した。

平城遷都のシンボルは条里制であろう。その施行から25～26年経過後の事跡を追跡するための最重要アイテムである。〃始めに条里制の大路ありき〃。ここを出発点と考えた。本論論述はここに最初の楔（杭）を打ち込む作業から始まる。

（2）「頭塔」の位置は不動とする。

「旧十輪院」はその位置の西に「元興寺」が南には「紀寺」があったはずであるからこの両方向への移動にはその距離に制限が付くであろう。西方向への移動については元興寺塔敷地東壁側面接南北境界線のあたりまでの可能性を若干残すように感じられる。

（3）〝下賜田地積十町〟（原文『続日本紀』天平八年二月七日条「入唐〝学問僧玄昉法師施封一百戸。田一十町。扶翼童子八人〕は天平清水寺地の、〝往時は東西二町、南北一町もあったらしい〟（『国史大辞典』による）は旧十輪院地のそれぞれの存在とその配置を裏づけるための資料とする。同時に、旧十輪院の地積値（2・00町）を作業手順（杭置法）のロジックの妥当性の確認に適用する。

（4）図上の測定値（以下、机上値）を地上実際値（以下、実測値）に換算するために、奈良県教育委 員会発行の「史跡頭塔復原整備報告（平成13年）」4頁 史跡頭塔位置図（以下、地形図）を利用する。ただし《史跡頭塔位置図》は本録では掲載をしていない。

（5）寺院配置とその地積を求めるために行わなければならない作業がある。杭置作業（杭打込み作業）である。

（図上の各角（隅）点から引き出された線の先端に付されている数字は杭置点を図上にプロットする際のプロット順番を示している）

A　〈作図作業手順〉

（1）図上に基準点とする最初の杭置点を打ち込む（以下〃点を定める〃と記す）。「頭塔」中心点を⓪と定める。点⓪を通る真西方向南北心線が東七条大路巾東側面接南北軸境界線と交わる点をその基準点に定め①とする。（添付資料11⑨）

（2）点⓪を中心にこの点を通る東西線を反時計方向に11・25度回転させてできる線を図上に定めてx-y線とする。これを〃鬼門〃位線と仮称する。ここに定めたx-y線は、今日、広く一般に普及し家相診断に採り入れられている風習における「鬼門」を⓪点に置いてこの点を中心に「鬼門」位線(以下、「鬼門」位)を時計方向へ33・75度回転させたときそこにできる線に一致する（重なる）線である。

図-A2上、内に地積〈B〉および〈C〉ゾーンを含む二本の線Z1-⓪-Z2線とZ3-⓪-Z4線によって挟まれた領域は128〜129頁の〈家相の図〉＊㋑吉報吉事招来門（仮称）領域である。いわゆる「頭塔」の（裏〃鬼門〃）域である。

（3）図を用いるために、机上値を実測値に換算する必要がある。そのため地形図を用いて換算式：実測値（m）＝28・84（m／cm）×机上値（cm）――〈1〉を作成した。

以下の試算値は〈1〉式に基づく。結果を（添付資料12⑨）表1〈197〜198頁〉に示した。

（4）玄昉下賜田（旧清水寺が存在したとされる地）の地積〈A〉を定める。

玄昉左遷前地を「前旧清水寺」地A1、左遷後地を「後旧清水寺」地A3と呼ぶ。

①〃下賜田十町〃を有する地の地積の一辺をL（m）とする。１０町＝３６０００坪＝１１９０００２０平方米（㎡）。この値を開平すれば３４４・98米（m）であるから、一辺Lは３４４・98（m）である。

これは計算値（以下、理論値）である。

理論値が図上に示されるべき机上値は〈1〉式から、11・97（cm）となる。

②点①を通る真東方向線上に11・97ｍ長のプロット点を定めたとき、偶然にも、この点が点⓪にほぼ重なってしまったのである。ここにおいて、本地積A1は一辺が３４４・98ｍの正方形地であると推断した。

塔基壇北側壁面接東西軸線および東側壁面接南北軸線がそれぞれ点⓪を通る塔方位線上で交 わる点をそれぞれⒶ、大路巾東側面接南北軸境界 線に交わる点をⒷ、点Ⓑを通る南北線（大路巾東側面接線）が方位線に 交わる点をⓒ、点ⓒを通る東西線が点Ⓐを通る線に交わる点をⒹとするとき、四辺形（Ⓐ・Ⓑ・ⓒ・Ⓓ・Ⓐ）（以下、矩形）を図上に作図すれば、この正方形が地積十町（10・00町）を有する「前旧清水寺」地積A1である。但し、「〃下賜田十町〃」ではあるけれども、寺地としての使用に供したのは8・００町で、残地2・00町は田畑地に供されたであろうことを推定させる。

以下、その理由を述べる。

図－A上、地積〈C〉ゾーン内にある二本のｙ５－⓪－ｙ６線およびｙ７－⓪－ｙ８線に挟まれた内側斜線部分領域は１２６頁の〈家相の図〉＊㋐［災難凶事招来門（仮称）］領域である。いわゆる「頭塔」の（裏鬼門）域である。この両線は（裏鬼門）域を形成する二辺のうちのそれぞれ一辺である。

点①の真南方向線がｙ７－ｙ８線と交わる点を④、点④の真東方向線と点Ⓐの真南方向線とが交わる点を⑤・（＝Ⓓ・）と定めたとき、矩形（Ⓐ・Ⓑ・④・⑤（＝Ⓓ・）・Ⓐ・）の地積A2は、｛～Ⓐ｝＝１１・97cm（３４５・21m）、｛Ⓑ～④｝＝９・64cm（２７７・63m）であるから、｛Ⓑ～Ⓐ｝×｛Ⓑ～④｝＝（３４５・21）×（２７７・63）＝９５８４０・65（㎡）＝２８９９１・80（坪）＝８・０５（町）＝［８・00（町）］となる。

ここで、点④が（鬼門）域内に入らないように配慮して杭打ち作業を行うことが肝要となる。すなわち、定めた点④よりもさらにこれを南下させれば領域内に突入と言うことになるから、これは絶対に避けなければならない。この杭置作業によって矩形（Ⓐ・Ⓑ・④・⑤・（＝Ⓓ・）・Ⓐ・）A2を作図する。

以下の杭置手法も、これに習う。

③　点①の真南方向線がｘ－ｙ線に交わる点を⑥とする。｛①～⑥｝＝｛⑥～⑦｝充たす点⑦定める。
点⑦の真東方向線が点Ⓐの真南方向線と交わる点を⑧・と定める。
矩形（Ⓐ・Ⓑ・⑦・，⑧・Ⓐ・）「後旧清水寺」地A3である。

その地積は、{Ⓐ〜(Ⓑ)}＝11・97cm(345・21m)、
{Ⓑ〜⑦}＝4・87cm(140・45m)
{Ⓐ〜Ⓑ}×{Ⓑ〜⑦}＝(345・21)×(140・45)＝48484・74(㎡)＝14666・64
(坪)＝4・07(町)＝**4・00(町)**である。

＜A＞について

図-Aに配置した矩形(Ⓐ'Ⓑ'Ⓒ'Ⓓ'Ⓐ')下賜田地A1の配置はこの配置以外を想定できないほどに視覚的に美しく整っているように思われる。

一方、これ以外の配置の可能性として矩形(Ⓐ',Ⓑ',Ⓒ',Ⓓ'Ⓐ')＜A3＞を示したがこれは視覚的に受け入れ難い。＜A3＞の配置は、理論上は存在し、図-A上にこれを作図可能である。これに基づく地積は10・00町の東西に長い矩形地であることが判る。しかし、天平八年時点で、施行後25〜6年たらずしか経過していない都のシンボルの大路を削って跨《また》いでまで下賜が行われたとは考え難い。したがって、この配置＜A3＞はなかったと判断した。

以下の地積配置求積手法もこれにしたがう。したがって、以下においは、その過程を適宜省略する。

（5）旧十輪院の地積〈B〉を定める。

①十輪院の地積の位置は隣接寺院地の配置位置によって規定されるはずある。西方向ならびに南方向への移動は現十輪院南北心（芯）から西１４４・20ｍに元興寺塔南北心（芯）が、南１５８・62ｍに紀寺敷地北側面接東西軸境界線があるため制限される。西方向へは線｛（16）－（17）｝線までである。破線は現十輪院北心から元興寺塔南北心までの距離１４４ｍ。20ｍの二分の一に按分した長さ72・10ｍ（机上値２・５㎝）位置に置いた。

②点⑬は、点①の真西方向線および元興寺塔跡参道跡道巾北側面接東西軸境界線が東七条大路巾西側面接南北軸境界線と交わる点である。また、点⑬は、同参道跡道巾南側面接同線が同大路巾同線と交わる点である。図－A上、地積〈B〉ゾーン内にある二本の線ｙ１－⑬－ｙ２線とｙ３－⑬－ｙ４線とに挟まれた内側斜線部分領域はいわゆる点⑬の（裏鬼門）域である。

ｙ１－ｙ２線およびｙ３－ｙ４線は、この（裏鬼門）域を形成する二辺のうちのそれぞれ一辺である。

しかし、この域は点⑬のそれであり、「頭塔」のそれではない。

ここでの議論主体〈Bゾーン〉はあくまでも「頭塔」との関係での（裏〝鬼門〟）域対象ゾーンであるから、十輪院が点⑬の（裏鬼門）域をその敷地内に含んでいるからといってもこの域の「鬼門」に主要的配慮を施す必要はないのである。

さて、{(⑬～⑭)}＝{⑭～⑮}を充たす点⑮を定めて、つづいて点⑮の真西方向線がｙ1－ｙ2線およびｙ3－ｙ4線と交わるそれぞれの点を定める段階に入るわけであるが、これら両点は共に点⑬の(裏鬼門)域に掛かることになるから、該位地までの長さ〃以下〃或いは〃以上〃を考慮して、それぞれ点⑱および点⑯を定める。

この点⑱および点⑯の真北方向線が点⑬の真西方向線と交わる点をそれぞれ点⑲および点⑰とする。

矩形(⑬・,⑮・,⑱・,⑲・⑬・)は十輪院地B1である。その地積は(0・98)＝1・00町を示している。最小値である。

矩形(⑬・⑮・⑯・⑰・⑬・)は旧十輪院地B2である。その地積は(1・68)＝1・70町を示している。最大値である。〈B〉については〃往時は東西二町、南北一町もあった〃(『国史大事典』)と言うことであるからこの地積値二町歩(2・00町)を確保し得るか否かを検証する必要がある。西方向への増設の可能性については、増設地積矩形(⑯・⑰・,⑰・,⑯・⑯・)を推定できる。その増加地積値の概算値(余B)は0・42町である。すなわち(B2＋(余B)＝1・68＋0・42＝2・10)＝2・10町〈B2〉となる。このB2地積値は「往時は二町も」の時代があった可能性を示唆する。

一方、敷地西側面接南北軸境界線に破線{(16)－(17)}をもつ矩形(⑬・⑮・⑯・,⑰・⑬・)B3は西方向への増設極限地積値2・10町を示している。最大値である。当然ながらB3＝(〈B2〉)である。

ちなみに、ここで矩形(⑬・,⑮・,⑱・,⑲・)B1はその地積値：0・98町で最小値である。この域での地積増設は鬼門域不杭置の原則から不可であってこの値を超えることはない。よって、B3の地積配置のみに合理　性があることを認め得る。

この推定結果は、〃往時は二町もあった〃に整合したと言える。これによって、該試算求積手法(ロジック)は至当であったと言えると確信する。

③矩形(ⓐ・ⓑ・ⓒ・ⓓ・ⓐ・)は、飯島太千雄先生経由で現十輪院院主からご教授頂いた旧十輪院の地積図(B3)である。その地積値はご提示によって２・００町を示している。但し、ⓒ-ⓓ線は地積値２・００町を得るために算出によって得た｛ⓑ・ⓒ・｝値・７・15ｃｍの位置にある敷地西側面接南北軸境界線である。この線の位置は当然に旧十輪院(B3)の地積値２・００町を提供するそれである。

矩形(ⓐ・ⓑ・ⓓ・ⓐ・)のこの値は、まさしく「往時は東西二町南北一町もあった」(『国史大事典』)に整合する。

一方、｛⑬〜⑭｝＝｛⑭〜⑮｝を充たす点⑮をその角点に含む構成なっている矩形地積（B1）、（B2）および〈(B3)〉の可能性も存在する。

これらの地積値は、それぞれ０・63町、１・05町および１・５７町となる。しかし、⑮で構成される矩形の最大地積値は〈(B3)〉:１５７町であり、２・００町未満である。これは、⑮構成地積が〃往時は二町も〃を提供し得ないことを示唆ているから、点⑮の存在の可能性はないことになる。当然に（B1）および(B2)も不存在である。

〈6〉 旧福智院の地積〈C〉を定める

① 以下、既述の院地求積手法を踏襲するので、各杭置点の杭打手順の説明は省略した。台形(①・⑦・⑨・⑪・⑫・①・)は、左遷後清水寺地内当初旧福智院地（C2）である。その地積は(2・12=)2・00町を示している。

つぎに、現福智院地該西北隅点を①・として推察する。台形（,①・,⑦・,⑨・⑪・,⑫・)、矩形（①・⑦・⑨・⑩・①・）は（C1）である。その地積値は（1・78=)1・80 1町を示している。(①・)は左遷後清水寺内再興後福地院地（C2）である。その地積値は、（1・70=)1.70町を示している。

矩形（,①,⑦,⑨,⑩,①）は（C1）である。その地積値は(1・57=)1・6町を示している。

② 七条大路を跨いで西側面該域にC1地に併存して 矩形(A・B・C・D・A・)（C2史料）の旧福 智院も在ったとしている。「在ったとする」事を覆すに足る証拠(歴史資料)が手許に無いのでこれを捨象することを避けた。よって、一応、これは採用した。但し件の杭置法を適用するに値する知見はこの『図断簡』からは得られなかったので、この図に記された〃福智院〃文字の配置位置をトレースして作図した。その地積は1・68町を示している。

Ｂ《〈Ａ〉、〈Ｂ〉および〈Ｃ〉地積（面積）結果一覧》（添付資料１２⑨）
〈1〉式をもちいて図から得られる東西、南北の該境界線の机上値長を実測値長に換算することによって得られた結果を示す。（添付資料１１⑨）
Ａ：天平清水寺（旧清水寺）／Ｂ：旧十輪院／Ｃ：旧福智院：の敷地面積（㎡）（町）
（＊注）：東七条大路の「大路巾」について。図上杭置作業開始の最初の一歩を東七条大路から踏み出した！　すなわち長さ、測定基準のゼロ点をこの図上大路に置いた。ちなみに、図上測長は１・10cmであるから、この実測長さは31・72ｍである。この長さは当時（本稿では「条里制施行直後の町並み」とみなしている）の大路巾値である。

Ｃ考察

以上の結果を得て思うことがある。まず、「福智院」について思うことがある。
本院は、「由来記」によれば、旧清水寺建立当時からほぼ５００年経過後の時代・建長六年（１２５４）に玄昉創建の清水寺跡地に再興され、しかも、旧清水寺に在った〔経蔵〕に本尊が安置されることによって地蔵信仰の名刹として復活させたとのこと。そうであればこの福智院は、皇后は言わずもがなだが、玄昉にとっても深く関わりを持ったがゆえにそう呼ばれるようになった〝心経の寺〟「隅寺」の存在思想を必ずや採り入れて配置築造されたに違いない〔経蔵〕そのものであろうから、この院には玄昉の本意が酌まれて現在もなお活き続けていることになる。件の〔経蔵〕を再興時に旧福智院関係者が復活させたことに感涙を禁じえない。ここに皇后と深く関わった玄昉の足後を見て取れる。この地の左遷後の最初の使い方に皇后が深く関わったであろうことをも強く感じさせる。

　この感覚がさらに増幅されて想起させることがある。〔経蔵〕の配置位置が福智院の創建当初旧清水寺地内に置かれていた場所から移動しているとのこと。この福智院の当初の位置は 本図の点(*)地に配置されていたであろうことを想いたい。すなわち点(*)地の位置からx―y線（その中心が「塔」、福智院の両中心点間を結ぶx―y線）上前方向に「頭塔」を拝する方位に配置されていたであろうことを想定する。「塔」、「智輪両院」三者のx―y線上への配置は、あきらかに、〃相地担当〃陰陽博士の知識が導入されていたことを物語っている。線上には経蔵を兼ねた祠堂が「塔」方向へ向いて置かれていたと確信する。これは、創建から５００年近くも後の時代の事跡なのである。

　ところで、創建年を建長六年（１２５４）とする福智院は「由来記」によって再興であることが判るからこの地積を矩形(①・⑦・⑨・⑩・①・)C1に充て、十輪院と同時期頃(７５１~７５３)の創建と推定される〈推定根拠は後項「正倉院」対「頭塔」の項で示す〉時期の確保可能な最大地積は台形（①・⑦・⑨・⑪・⑫・①・）C2であり、その地積値は２・10町となるから、再興前当初の地積をC2とした。矩形（’①’⑦’⑨’⑩’①）（C2）には現在の福智院地積を推定した。智輪両院の師弟関係を考慮すれば福智院地積(C)が十輪院地積(B)を下回ることは考え難いので、C2：2・00町を再興前・当初の福智院地積値に、(C1)：1・78町を再興後・現在の福地院地積値に充てた。

つぎに、「十輪院」について思うことがある。新元興寺地内に当初在った十輪院が現在地に移転した時期と移転理由について推察する。

「頭塔」の設置位置が決定されたであろう751〜753年頃時点〈この時点の推定根拠は後項「正倉院」対「頭塔」の項で示す〉であったと推定する—この「時点」、それは、魚養二十歳頃、その実父・吉備真備六十歳頃の親子が実在した『空間』(—父子年齢は、飯島太千雄著『若き空海の実像』大法輪閣（平成21年11月10日）282頁から推算した—)

「頭塔」造立計画の情報をいち早く入手できる立場にあったはずの吉備真備。

盟友・玄昉の供養を息子に託そうと願う父。息子魚養の旅立ちのための応援をも兼ね、最高の機会と捉えて移転費用の援助をも惜しまなかったであろうお大臣真備卿。一方、恩師・師僧・玄昉僧正の供養に生涯をささげられるであろう新居・新十輪院を与えてくれた父真備の期待に応えようと強い決意を抱き、築造遂行に忘我専心、一意専念している写経所新米職員（となっていたであろう）浅野魚養。そんな親子の姿を想像出来る『空間』と共にあったと思料する。ここで、その元興寺からの移転距離がほんの僅かであるにもかかわらず移転していることを考えると、移転がなぜ必要であったのか疑問が生じる。しかし、移転場所の中心点が近々造立着手予定の「頭塔」の中心点を通るx－y線（〃鬼門〃位線）上にあることを知らされればそれが玄昉の鎮魂供養を行うために必要な移転であったことを認めることができ疑問は解決する。

十輪院地積値について往時は２・００町もの可能性については前記確認できた往時以降はB1：０・98町の時代を経て今日に至り、現地積は縮小されその値は０・70町（B2－B1＝１・８－０・98＝０・70）～０・30町程度にまでになっているのではないかと推測する。

つぎに、「頭塔」について思うことがある。

『奈良文化財研究所学報「第62冊（２００１）史跡頭塔発掘調査報告」』（以下、報告）の24頁には、「頭塔」に関する塔石積みについて石敷の東北隅、西北隅には赤色顔料を塗った柱を立てた柱穴がある（Fig. 7）ことが報告されている。祓い清めの儀式を行って着工したことをうかがわせる。東北隅は東北丑寅(艮)位線域であるから、〃邪鬼祓い〃で首肯できる。

しかし、「西南」ではなく「西北」となっている。「西北」は戌亥(乾)位線域でありこの方角（方向）には聖武天皇東佐保陵もあることから「天門」と言う解釈も成り立つかと思うが、〃祓い清め〃が何故この方角でも行われたのかについて疑問が湧く。

同報告は１０６頁において、東大寺伽藍中軸線との関係について、「大仏殿前には奈良時代建立の登龍が現存し、当初位置を踏襲していると考えられるため、登龍心(⑳)と南大門東西心(㉑)を結ぶ直線を伽藍中軸線と考える。その振れは北で西に0　21．19″〈0度21分19秒〉この直線を頭塔の南北位置まで延長すると点（㉒）を得、頭塔心は99．742m西となる。」と報告している。〔㉑〜㉒〕＝99・742m〕〈(添付資料9⑨（194頁））および(添付資料10⑨（195頁））の図上において、「頭塔」東西心（⑧）と「正倉院」東西心（，⑧)を結ぶ中軸線の振れは同報告111頁の塔身東西長・20．2mおよび113頁Fig．36をもちいて試算すればその角度で0．3623497度(0．21．44″〈0度21分44秒〉）となることが判る。一方、報告の東大寺伽藍中軸線の振れ（0 21．19″〈0度21分19秒〉）を角度にすれば0．3554190度であるからこれら両線の振れはほぼ一致していることがわかる。これによって両線⑧—，⑧と㉑—⑳は平行状態にあると言うことができる。また、これら両線の真北方向線からの振れ割合はそれぞれ0．238および0．235パーセントでこの差は極微小であるから両線の振れは無視しうる許容の範囲である。したがって、″中軸線″は″真北方向線″とみなしうると解釈した。「西北」方角の祓い清めの儀式はこの″みなし″に対するお祓いのそれであったと考えられる。これ以外の理由を見出すのは難しいのではないか？

″「正倉院」が何故この位置に建立されたのか何故この位置でなければならなかったのかその理由について考えよ″との課題が与えられたように思われるので、以下の如くこの課題への挑戦を試みた。

「頭塔」の″真北方向″に聖武天皇所縁の「正倉院」がある。これは極めて清潔清浄の場所でありその場所には天皇の御霊《みたま》といっても過言ではない御物《ぎょぶつ》が収められている「蔵」すなわち「正倉院」が設けられている。「正倉院」の対「頭塔」配置を考慮すると正面を東方向に向けて建てられているこの「蔵」の位置は平城京城郭を庶民の家の敷地に置き換えた場合の「鬼門」の風習に則った家庭内の神棚を祀る位置に相当する。この推察の根拠は神棚を祀る際の〝北に配置した場合、向きは南か東〟と言う規範（一般心得）に則っているところにある。すなわち「正倉院」の対「頭塔」の関係は平城京城郭に祀られる『神棚』と除災修法兼吉報吉事招来修法の場を担う『頭塔』との関係にあり、「頭塔」が「正倉院」の〝鬼門除け〟の、そして、「正倉院」が「平城京城郭」の〝鬼門封じ〟の役割を果たしていることを確認できる。すなわち「頭塔」の東西心⑧を通る　〝真北方向軸線が皇后実家「法華寺」の南北心⑧〟を通る東西〈一条大路〉線の延長線と交わる位置，⑧に前面を　〝真東方向〟に向けて「正倉院」が配置されているところから推察できる「院-塔」間の関係性である。よって、この関係性は「正倉院」が「頭塔」の　〝真北方向〟軸線上，⑧の位置にその正面が〝真東方向〟になるように配置されたであろうことを推断させる。

　ところで、この推断を成立させるための絶対要件は「正倉院」着工前に「頭塔」の設置位置が判明していることである。ところが以下の年表年時系列を一見すればこの推察は成立し得ないことがわかる。

（747）玄昉一周忌法要、

（７５６）聖武天皇ご崩御、
（７５６〜７５９）「正倉院」建立（通説）、
（７６０）光明皇后ご逝去、「頭塔」建立工事着手
（７６７）「頭塔」竣工。
(１)光明皇后のご発案(ご提案)がなかったならば「頭塔」は実現しなかった。
(２)ご提案の時期は玄昉一周忌法要の席上以外では考えられない。
この二行文は筆者の確信である。その前提での以下は推論である。
頭塔」着工に至るまでの準備期間について考える。
次の段階を踏まずして着工にはいたれまい。
　１．発案（提案）
　２．造立趣意、
　３．趣意に規定されるはずの塔設置場所選定、
　４．趣意に沿った造形の検討およびその図面の作成、
　５．資材検討、
　６．右資材調達方法、
　７．工人の必要人数の手配、

8・その他諸費用調達、など。

最小限踏まねば成立しない段階がある。

皇后のご発案発言ゆえにその内容の実現には絶対的実行行為が伴うものとなるだろう。

ご発案直後直ちに2. 以下が実行に移されたと考えられる。この場合、3. の設置場所は旧清水寺できまりであるとしてもその位置が判明していることが件の推察成立の要件である。7. までに一体どのくらいの期間が必要であったのか。〝造営終了時期については、特殊な建造物ゆえ工事期間をどれほどに見積もるか難しいが、天平宝字年間には収まると考えたい〟といみじくも奈文研報告は語っている。この見積もり年間は「正倉院」建立(756年~759年)通説に一致するから「頭塔」造営終了見積もり時期を「正倉院」のそれに合わせ併行同時進行で着工されたかも知れないとの推測を奈文研はされたのではなかろうか。

しかし、一般的には準備期間は竣工期間より長いと言うのが土木建築関係者間の常識であるから仁徳寿陵の期間が千人四年、「頭塔」のそれが三年であることに鑑みれば、「頭塔」の準備期間は短くとも四年から六年は必要であろう。そうすると、一周忌法要年が747年であるから751年~753年までには「頭塔」の設置位置は決定されていたはずである。「正倉院」建立年を通説にしたがって仮にもっとも早期の756年としても蔵の規模から推定してこの三年の推定期間は「正倉院」の工事準備竣工期間に充て得る期間であろうから「正倉院」着工前に「頭塔」の設置位置は判明していたことになり件の絶対要件を満たすことになる。

位置決定済みの「頭塔」および既存「法華寺」が「正倉院」の配置位置、⑧を規定したと考えられる。したがって、「頭塔」対「正倉院」における対峙配置のみにその存在の意味がある。言うところの位置が〃東大寺〃でなかったところにこの「頭塔」の配置位置の意味があると言っておきたい。現福智院の阪井昇道院主の慧眼啓発見解 ‥〃造立の目的が「国家の為」とあるだけで、良く判らない。疑問に思うことは、国家の為であるとするなら、行基が堺市に造った大野寺の土塔より、規模が小さいのは納得がいかない〃がこの意味を補強してくれている。

この見解に共感を覚える。「東大寺」対「頭塔」ではなく「正倉院」対「頭塔」である事実は塔造立発案者がまぎれもなく光明皇后以外にはあり得ないことを推断させるから、〃造立の目的は「国家の為」ではなく「聖武天皇の為」に在った〃といわざるをえまい。

最後に「隅寺」について思うことがある。

「法華寺」は「隅寺」に守護されている。または「隅寺」が〃鬼門封じ〃の役目をになっていることによって、「法華寺」は守護されているとする言い伝えは真実であったと言うことが家相診断用家相図から検証できた。言われている「隅寺」の対「法華寺」位置はいわゆる災難凶事招来門（仮称）の方向の（裏鬼門）域を「法華寺」に提供していることが(図-C)から確認できるからである。

以上述べたことから「皇后」-「隅寺」-「頭塔」（含む清水寺、福智院）の系列ラインが想起されまさしく《皇后―玄昉》ラインを感じずにはいられない。以上によって首記の結論に至った。

平成30年2月11日建国記念日の日に校了

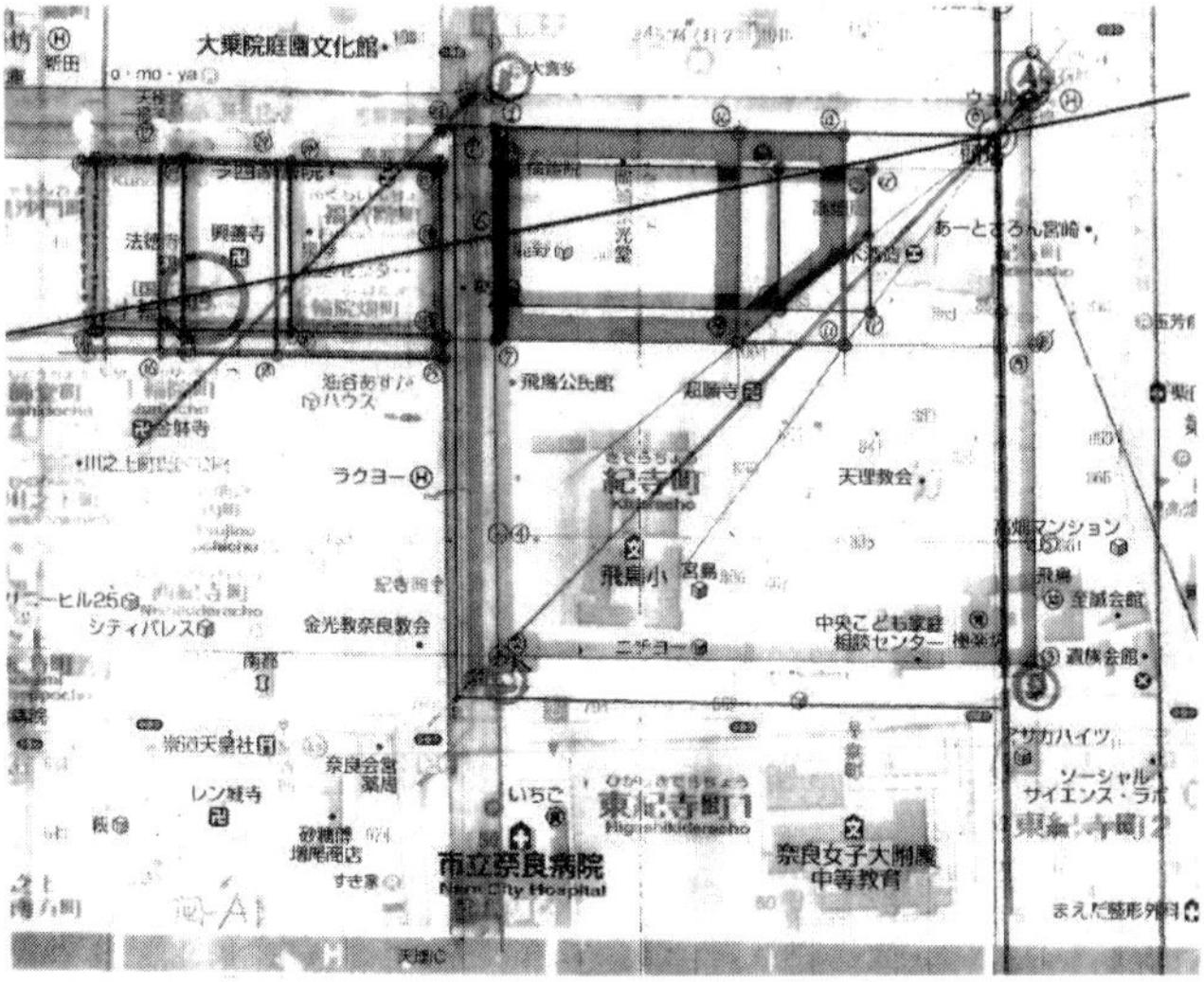

添付付置資料11⑨(推定配置状態の形跡とその地積図)(図A-1)

第十章　秦氏宗家および深草秦氏と阿刀家間で協調関係が認められる。この原因はどこにあるのか　-深草秦氏に滅ぼされた『卑弥呼』とは何者なのか-

歴史事跡文献の取り扱いの風潮に筆者は疑問を抱いている。シナの国書（中国の正史）である「史記」に記載の『徐福』と「三国志」に記載の『卑弥呼』間でのそれぞれの事跡内容に対する評価に雲泥の差を下している風潮が存在する。また、わが国の関連学会（学界）における『徐福』は「伝説の人」であり『卑弥呼』は「実在の人」として捉えられている。国書の記述内容の濃さの度合いに濃淡があるはずもないにも拘わらず。

ところで、「徐福」は左記国書その他に記載がある。

① 史記　巻六　秦始皇本紀第六　司馬遷（前漢）
② 史記　巻百十八　淮南衡山列伝第五十八　司馬遷（前漢）
③ 漢書　巻四十五　伍江息夫伝第十五　班固（後漢）
④ 後漢書　巻八十五　東夷列伝　范曄他（宋）
⑤ 三国志　呉書　巻二　呉主伝　陳寿（西晋）

「卑弥呼」は左記国書その他に記載がある。

①後漢書　巻八十五　東夷列伝　范曄他（宋）
②三国志　魏書　巻三十　烏丸鮮卑東夷伝　陳寿(西晋)など

ここでは、「徐福〈伝〉」、「卑弥呼〈東夷伝〉」といずれも「〈伝〉」付となっている。に拘らず「伝説の人『徐福』」および「実在の人『卑弥呼』」として真逆の取り扱いがなされている。『徐福』の「正史」への記載頻度を鑑みる時、この事実を理解できない。

ところで、発表される学術論文の数に関して通観してみる時、『徐福』に対する数に比べて『卑弥呼』に対しての数の多さに圧倒される。また、『卑弥呼』に関して、持論を展開されるその内容にも明らかに理論上あり得ない理解しがたいと推理できる結論がつきつけられている論文であるにも拘らずこれを受け入れ書籍にする出版社のなんと多いことか。この業界の在り様にも驚かされる。さらにくわえて、研究課題はそこここに散らばって在ると思われるのに、『卑弥呼』を選択する学生、学研諸氏のなんと多いことか。『卑弥呼』を採択しようとする諸氏の心根が推し量れない。

具体的に調査した訳ではないが、国内における期間二十年間での『卑弥呼』関連書籍の出版数や発表された学術論文数等の総数量は『徐福』関連のそれらの数十倍にも上ることが概算できた。

さて、本題に入る。

首記論題を展開するため『徐福』を「実在の人」と捉えて彼の関連周辺人物の事跡を辿ることにする。

首記題目についての探求心が筆者には強くある。

この原因究明はいまだ解決を見ていないわが家にとって最大の「謎」である。

この解明は口伝伝承的なものはあるもののこの内容の科学的裏付けができるまでにはいたっていない。ただ、筆者の尊敬するただ一人の考古学者・同志社大学教授森　浩一（１９２８年～２０１３年）先生の『葛野大堰《かどののおおい》』には大いに触発されていてこれについての情報収集に着手、裏付け固めを開始しているところである。本書上梓に間に合わなかったことが残念でならない。筆者の描く結果は、これを現段階で出してしまえば、〝都市伝説〟扱いは免れまい。描いているポイントは「秦氏一族とは徐福一族の一員であった」とするところにある。一員とは言え、単なる一員ではなく、始皇帝が送り込んだ徐福の行動を監視する使命を帯びて派遣されたいわば間者《かんじゃ》。今風に言えば忍者、お庭番、スパイに該当した老若男女三千人の中の　〝一櫂《いっかい》の塊士《かいし》〟《水主《かこ》軍団《ぐんだん》》であった。

ところで、徐福は始皇帝に征服された斉国《さいこく》の皇太子であったが有職《ゆうそく》に長《た》け同時に方士《ほうし》の有識者（『鬼神の思想』に詳しい人」）でもあったため処刑を免れ生かされて帝の側近になった人物である。そんな徐福は間者統率者《かんじゃとうそつしゃ》秦氏一族の頭領《ずりょう》・太秦《うずまさ》氏（以下、秦氏宗家もしくは単に秦氏と呼ぶ）を責めず許した。そんなわけで、秦氏宗家は徐福に恭順したのである。もちろん、徐福当人に人望があったことも一族が心をうごかされた理由となったはずである。恭順はしたもののしかし始皇帝の一族であるという誇りは持ち続けることになる。先祖にたいする崇敬の念を人一倍強く抱く一族であった。

太秦頭領宗家十五代直系子孫・秦河勝公は阿刀家のルーツの源が饒速日尊の孫でスサノオの曾孫にあたるところからつまりは徐福の玄孫となる！　ということを認識されていた。また、５８７年に起きた丁未《ていび》の変では軍人（軍充）として聖徳太子〈厩戸皇子《うまやどのおうじ》〉の側近として戦った秦河勝公は阿刀家が敵対関係に在った物部守屋に繋がる家であることも同時に認識されていた。『徐福恭順太秦頭領宗家十五代直系子孫・秦河勝公の裡にこの内容を包含する認識、すなわち、「先祖尊崇の念」、「懺悔《ざんげ》の祷り」、「贖罪《しょくざい》の思いまたはその償い方」および「報恩の精神」などの認識がなかったならば本貫の奈良田原本町から「深草の里」に逃れるよう導いたりはしなかったはずである。さらに、逃れてきた阿刀家を受け容れ確実に匿（かくま）うよう「深草の郡司」に命ずることもしなかったはずである。』と言う口伝伝承があることを追言した。諸資史料を活用してこの口伝伝承を科学的に「謎」解きすることに奮戦中である。

ところで、他の研究業績もさることながら秦氏研究の第一人者としても名を成された若い学研がおられる。水谷千秋先生である。筆者は「秦氏」ではなかったが某新聞社の主催する講座で先生の講義を受講したことがある。水谷先生の御著・『謎の渡来人秦氏』文春新書〈(株)文藝春秋〉２００９年（平成21年）59頁に記されている「深草の郡司」にはすこぶる興味がそそられている。奈良から山代に逃亡したわが阿刀家を受け入れ匿ってくれたのはこの郡司であったと思っている。最初の地がこの深草の地であったことがこの著に興味をそそられる理由である。

先生には筆者が描く「秦氏一族＝徐福一族の一員」の成立はとうぜん認められないであろうこと承知の上で、あえてこの課題で「謎」解きに挑んでいる。

〈阿刀家と秦氏宗家間の関係成立過程を図式化した〉

①秦始皇帝は徐福を活かした。

史記「始皇帝本紀」（司馬遷）によれば、帝の父親は古代ユダヤ系の人であった由。帝が漢民族ではなくユダヤ系人であると言われているのは信実であろう。首肯できる。

②斉国皇太子・郷帰《さとがえ》り縄文人《じょうもんじん》徐福は秦氏一族を活かした。（秦氏一族が徐福に恭順の意を示し、徐福はこれを受け入れた）

③秦河勝は聖徳太子（丁未の変当時、厩戸皇子）側の軍人として物部一族の物部守屋と敵対しこの変で守屋を滅ぼした。物部一族の残党追尾も強行した。

④秦河勝は丁未の変後追跡されていた阿刀家十九代・阿刀一足を物部一族と知りながら匿《かくま》うよう深草の郡司に命じて阿刀家を追跡からのがれさせた。

つぎに、「活かす」（「許す」）、「活かされる」（「許される」）、「ご恩に報いる」「和を尊ぶ」などの温情満載の構図を示した。

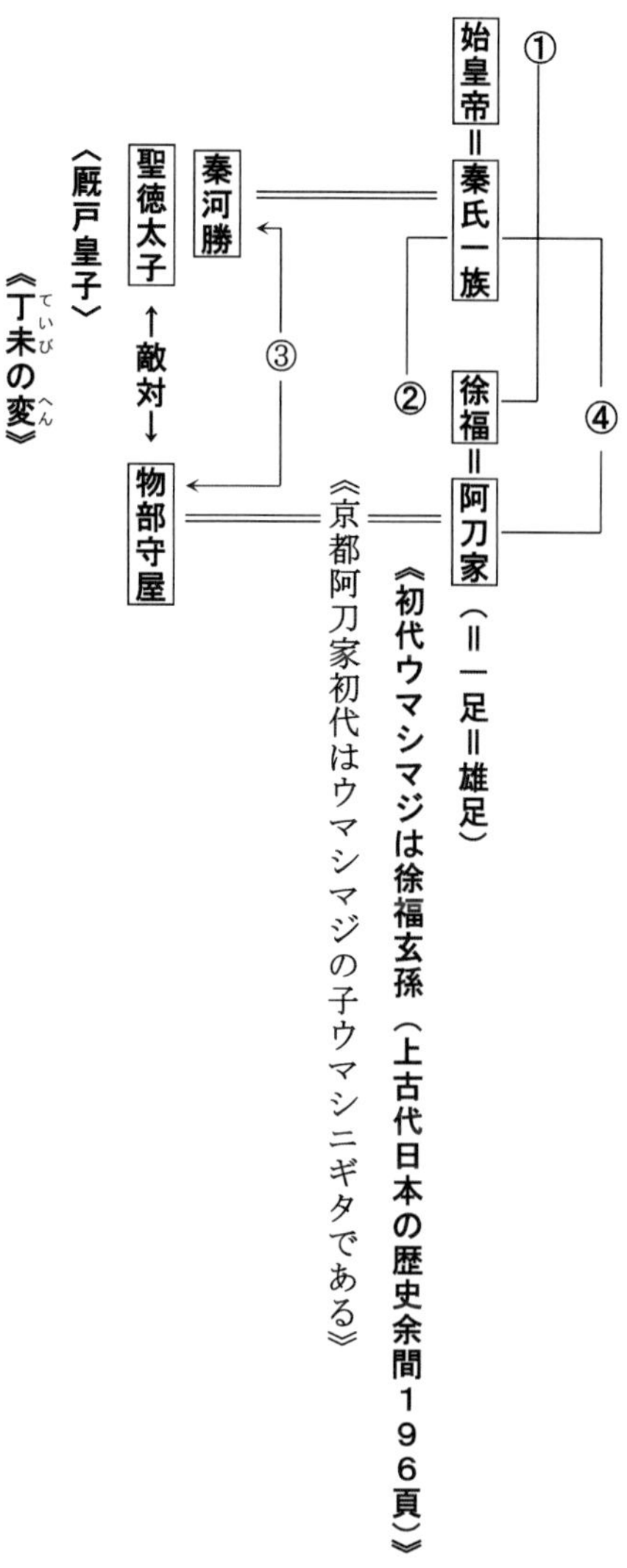

　この図から「崇敬の念」、「懺悔《ざんげ》の祷《いの》り」「贖罪の償い方」「報恩の精神」「和を尊ぶ心」「雅量の精神」〈現代の武道にも通じる〉など、人として行うべき「道」の遵守規範が程良く溶け合っていることをみてとれる。この思想信条は現代においてはいざ知らず、上古代においては（＊㋐）ユダヤ人が誇り乃至は理想としてきたものであるはずである。古代ユダヤ系民族が受け継いできたＤＮＡに組み込ま

れてきた思想信条の内容そのものが現代に生きるわれわれ日本人の身体《からだ》の中に現実に深く浸透していると思わせる構図なのである。秦氏宗家含秦始皇帝も阿刀家含徐福もこの血流の交じりの「渦」の中に溶け込んでいる。両家の関係とはこのような融合関係で成立していたのかも知れないとこの構図は筆者に語りかけている。

（＊㋐）二回目の校正原稿が届くのを待っている期間の出来事があった。本書の第八章は近畿大学教授石井隆之先生の栄名を頂いて書いたものであるが、これを機に先生との親交が始まり同時に京都下鴨在の菅森幸子女史のお世話で「語る会」が発足した。今年令和五年拾月七日で一年四カ月である。この日、この会の席上で、神代文字・「カタカムナ」の研究家・江本　茂氏の講義を拝聴する機会に恵まれた。氏の講義内容は素晴らしく筆者にとっては眼から鱗のそれであった。弁舌はさえ、それが氏の聡明さを感じさせ、すこぶる爽快なひと時を頂けた。良い経験をさせてもらった。

実は筆者は昭和61年、歴史読本の特集『謎の歴史書「古史古伝」』に掲載されていた木村信行氏（当時、日本歴史研究所所長）の論文によって「カタカムナのウタヒ」という書名で、「カミツ文字」という文字があり、〝神代文字であり一万年前にはあった！〟という内容の情報を知識として得ていた。38年前のことであったのだが、この時のことはすこぶる強烈な印象として今もなお鮮明に脳裏に焼き付いている。当時探求意欲は十分あったが、のっぴきならない一身上の都合がこの「カミツ文字」の探求を筆者に許さなかった。今回の江本氏との邂逅《かいこう》は筆者にとっては無上の喜びである。「邂逅」には「偶然の出会」いという意味が含まれているが、また、事実ある意味筆者にとっては偶然であるのだが、今はなき真友・小野益男さんが筆者の喜ぶ顔を覗きたくて贈ってくれた「必然」の出会いであったのだと真面目にこの「邂逅」を捉えているのである。

さて、【古代ユダヤ民族の歴史は四千年前に始まるとされるから年代としては紀元前二千年頃となる。そしてその文字の起源はと言えば紀元前二百年だと言う。筆者は初めに言葉ありき！を信奉するので、この文字の年代はユダヤ民族の起源年よりは下ると思うのだが、あまりにも年代が「乖離《かいり》」しすぎているように思えてならない。誤記はなかろう。誤植と考えたい。殷王朝には当時すでに亀甲文字があったから、シナ殷王朝の起源年よりは若干時代が下がるユダヤ民族の起源を想う時、なお一層「乖離」は気にかかる。一方、シナ語の起源については、『五千年程前の黄河流域のキビ栽培をしていた農耕民に起源がある。これから漢民族の言葉である中国語ができた』と、篠田謙一博士はその著『人類の起源』で述べておられるが、起源年代は示しておられないので不明ではあるけれども、ユダヤ系民族の言語の起源が仮に紀元前二百年ということであれば、殷王朝および漢王朝の言語の起源には遥かにおよばないことは推認できる。ところで、一万年前（＊㋑）まで遡《さかのぼ》ることができるというわが国の「カミツ文字」または「カタカムナ」の起源を古代ユダヤの歴史に加えて考察してみたい。ここで、七三〇〇年前後頃に薩摩硫黄島周辺の島々を襲った鬼界カルデラの巨大火山爆発噴火事件のことを黙視するわけにはいかない。その被害は列島南北真半分線域南側領域の最南端は九州南部の琉球列島辺りまでの広範囲にわたっており、領域内住人（縄文人）たちの生活を壊滅させた。この人びとの中に逃避先として大陸を選んだ人びともいたと言われている。これらの人びとの中にユダヤへ向かってその地に住み着いた縄文人がいたとしてもあながち不思議なことでもない。この七三〇〇年前後頃の火山爆発噴火事件は古代ユダヤへわが国の文字乃至は思想を浸透または伝播させた可能性を強く窺わせる。さらに、一方で浸透または伝播文字と共に形成されたはずのわが国特有の思想は彼らユダヤ系民族の心情に合致して日常生活の中に受け入れられ溶け込んでいったにちがいない。〃近現代のユダヤ民族の心裡には、残念ながらこの思想心情は溶解してしまっている。昔はよかった！今となってはこれが「誇り」であり「「理想」であった！〃と過去形をもって現代ユダヤ人のモルデカイ・モーゼ氏がその著書『あるユダヤ人の懺悔　日本人に謝りたい』において語っている事実を知るに至っては、この意味内容を深読みすれば結果は推して知るべし。『わが国の人びとの身体の中に浸透しているこの言葉がわが国から上古代のユダヤ民族に向かって伝播したと考える方が道理に叶っている。徐福の先祖はこの時大陸へ逃れた縄文人であったと信じて疑わない筆者は、徐福の身体に入っているであろう縄文人のＤＮＡが霊峰富士に遥拝したいと願って縄文人の故郷日本への旅に出ることを目覚めさせたのであろうと思っていて、望郷の念断ち難く、郷帰りを断行したのではなかろうかと推察している。筆者は徐福を「里帰り縄文人」（筆者造語）と呼ぶことにしている。』と言う結果である。こんなことを、江本氏との出会い以降、思い始めていて、初校原稿の該当する部分を訂正加筆して修正しなければと思っていたところであると言うのが筆者のこの案件に対する結論である。

結論は件の如しだが、しかし、前述したように『漢民族の言葉の起源』について検証された篠田謙一博士の研究業績に期待したのだが、『古代ユダヤへの文字と文字に含まれる思想信条・言葉の逆浸透または逆伝播ルート』が存在するとの検証は現在進行形かもしれないが、すくなくとも、現段階では、『人類の起源』の中ではなされた形跡が見出せないので、このルートは発見出来ていないのであろう。したがって、残念ではあるが、「カタカムナ」の講義を拝聴した記念の感想文に留め置くという結果をもって終わることになった。】

よって、中断中の修正作業を開始することにする。（＊㋑）一万年前と言えば、日本列島は、縄文海進が進行中であり、海水面の上昇によって『現在の地形が形成されるようになった』〈すなわち日本列島が現状の形に固まった〉、時代である。これは、「記紀」の『国生み』に在る淡路州と伊予二名州（四国の伊予国、讃岐国、阿波国および土佐国）の生まれる描写に重なる年代であると推察できるから、「カタカムナ」の語る内容は真正に一万年前の列島形成の景色を彷彿とさせる。貴重な文字文献である。世界最古の文字に値すると筆者は確信する。「カミツ文字」または「カタカムナ」を伝世してこられたカタカムナ神社宮司・平十字《ひらとうじ》氏、発見者兼命名者兼解読者・楢崎皐月《ならざきさつき》氏および研究家兼伝導者兼啓蒙活動推進者・江本茂《えもとしげる》氏および「カタカムナ言霊《ことだま》解」著者・天道仁聞氏に対し、尊崇の念胸中満杯の状態に在る。

今日京都阿刀家があるのは秦氏宗家とその家臣深草郡司のおかげである。ただ、この時の郡司は太秦頭領宗家十五代直系子孫秦河勝公の直系郡司ではなかったのではないかとの説もある。

ところで、乙巳《いっし》の変《へん》で聖徳太子の皇子・山背大兄王を深草の里まで逃れさせようとして果さず援軍も送らずに皇子を孤立させ見捨て自刃に追いやったという歴史事実をわれわれは知っているが、この時の将軍が秦河勝であったらしいことも言われていることを知っている。もし河勝説を受け入れるならば、丁未の変では、乙巳の変でとった振る舞いとは対照的な振る舞いを彼はとったのである。

敵対関係に在った物部守屋側の阿刀一足を敵と知りながらも追尾させずに匿《かくま》うように深草の郡司に命じた。河勝のとったこの振る舞いは右構図の内容を信じて疑わない筆者には理解がいく振る舞いなのである。一方、河勝には聖徳太子の皇子・山背大兄王に〝徐福〟を重ねることはできない。できない以上、件の〝情〟が湧くはずもないと考える。

秦河勝は聖徳太子の臣下、国司として東国に赴任していた時、乙巳《いっし》の変《へん》の前年頃、赴任先の富士山の裾野の麓地の住民であった大生部多《おおふべのおお》という教祖が起こした「常世《とこよ》の神　信仰事件《しんこうじけん》」に遭遇した。または鎮圧のための担当国司だったかもしれないが、事件の鎮圧は難航したようである。しかし河勝はこれを鎮圧した。その功によって（と思われるが）その後、河勝は意外の昇進を果たした。筆者は教祖大生部多という人物は富士山の麓で生き抜いてきていた紀元前210年に渡来した〝徐福の子孫であったと推理している。この宗教の理念には道教思想のそれ・『不老長正攘災招福《ふろうちょうせいじょうさいしょうふく》』が掲げられていたからである。この事件の鎮圧は河勝がとった以外の手法または手腕ではできなかったといわれているがその手法または手腕とは一体どのような方法であったのであろうか。筆者は、右構図（フローチャート）の中にその理由を求めうると思っている。秦氏宗家の先祖と大生部家の先祖の間にある両家の関係について『われわれは交わりの「渦」の中に溶け込んだ穏やかで融合的友好関係にある』ということをとくとくと説いたと思われる。この後、事件は鎮圧ではなく河勝自身の説得を受け入れた大生部多の自らの投降によって穏やかな解決を見たと推察する。

「古代豪族と朝鮮」森　浩一／上田正昭／井上満郎／西谷　正／門脇禎二新人物往来社　一九九一年右著書の著者のお一人、森浩一先生は41～44頁に『葛野大堰』は「灌漑用のダム」であるとの見解をただお一人報告された。

《中国の成都の郊外に残っている、始皇帝の確か二代前の昭襄王の時に作った都江堰が有名なんです。》《秦氏自身、葛野大堰は秦の技術で作ったと言うことを言っているんですね。奈良時代に言っている。それから先程言いました大井神社の祭神は、都江堰を作った時の国王です。》と記しておられる。右内容は筆者に重要なヒントをあたえてくれている。

ついでながら、筆者が森浩一先生を尊敬している理由を一言述べておきたい。

先生のかずかずの輝かしい研究業績は言わずもがなだが、筆者に尊敬の念をいだかせる最たる業績は次の二点である。

一、大和奈良の「唐古《からこ》・鍵遺跡《かぎいせき》」の発掘調査が開始された最初の時から、同志社大学院生であられた時代であったが、直接発掘に関わられ参加された。その後もその時の先輩方や後輩方と共に継続して研究に関わられて前八世紀～七世紀に渡った遺跡であることを検証された業績。

スサノオの第五子饒速日命《にぎはやひ》が前124年スサノオの命令により出雲から侵攻した最初の占領地がこの遺跡であったと考えられると主張している筆者の主張に年代的に合致するところに尊敬の念は弥増ばかりである。

一、京都嵐山渡月橋のふもとに祀られている大井《おおい》（堰）神社《じんじゃ》の祭神に触れておられるが、この祭神が京都『葛野大堰』と中国「都江堰」両堰で共通だと指摘され、その祭神の存在時代が秦始皇帝の二代前の昭襄王だとも推断されている点は慧眼啓発に富んだ論考の最たるものである。この検証業績結果は秦氏を始皇帝が派遣した徐福船団監視役《一塊の士》（「秦氏一族とは徐福一族の一員であった」）と主張する筆者の秦氏存在年代を裏付けていることになる。よって筆者の先生へのリスペクト留心をさらに不動のものとするばかりである。

水主軍団《かこぐんだん》の本土上陸

①若狭田烏秦氏／②淀川経由桂川流域秦氏／③北摂秦氏／④宇治二子塚古墳秦氏／⑤播磨秦氏／⑥

豊前・豊後秦氏等の秦氏の中で当家が深く関係する②および④の氏族出身であると考えられる『本宗家秦氏（太秦氏）』および『深草秦氏《ふかくさはたうじ》』について話を進めたい。とりわけ、直接関係する『深草秦氏』について重点的に考察してみたい。

シナ国書の史記によれば徐福が総勢３０００名を引連れて蛹邪港を出奔したのは紀元前２１０年（以下、前２１０年）の事であった。東シナ海上で水主軍団（以下、軍団）付随の徐福船団は難破し波間に漂泊漂流《ひょうはくひょうりゅう》した。徐福船団の本土上陸地点に重ならない地点を選んで軍団一族はまとまって六系統ほどに分散し、右に記載したそれぞれの地方の土地に上陸を果し、そこの土着民となった。その総数は、１０００名ほどと考えられる。以下根拠を示す。

一艘当たりの水主数は総勢14（名）〈漕ぎ手：６×２＝12（名）、舳先および舵取り１（名）で、計２（名）で総計14（名）〉一艘当たりの乗船人数を船団、軍団含めて45（名）とすると船の総数は67艘となる。水主軍団の総数は67×14＝９３８（名）である。いき一郎は『新説・日中古代交流を探る』葦書房一九八九年　24頁で『徐福の一行は優れた子孫を増やすために良家の子女三千人を連れていたので、その付き人を入れると万をこすとも考えられる。百隻をこえる大船団となろう。』と記している。このうち、淀川流域経由で桂川を遡上し京都嵐山麓に定住した秦氏が本宗家秦氏（太秦氏）である。総勢該４００（名）であった。一方、本土からは大きくはなれた「琉球列島」に上陸した秦氏は後の《深草秦氏》（以下、『草軍団』）である。総勢該２００（名）であった。『草軍団』はここで体制立て直しのための滞在期間を費やした後、列島国の僚属を良とせず脱出。海上を北上、向かった先は不知火海・八代湾であった。この湾に注いでいた球磨川を遡上して肥後熊本人吉地域まで進軍、流域周辺を侵略しながら地域住民の女性との婚姻を重ね、土着民を抱え込んでこの地に定着した。《深草秦氏》は琉球国に自ら働き掛けて植民地的処遇を要求し盤踞地の統治王となる策を採って初代《狗奴国》国王を認めさせた。こうして小塊『草軍団』は「熊国」すなわち《狗奴国》を建国した。弥生時代前期中葉のことである。その後、12代《狗奴国》王が34歳の時代、「熊襲」と呼ばれて恐れられ、倭朝廷に服属することを嫌って激しく抵抗する存在となっていた。３２４・５年、12月、15代が39歳の時、この「熊襲」を服属させることを目論んで倭朝廷は16歳のヤマトタケルをこの地に派遣し、15代王を政権側になびかせた。だまし討ち〈ヤマトタケルが童女に女装した〉事件、熊猛事件 などと呼ばれた。この時代は球磨族（「熊族」）盤踞地の東南方向現在宮崎県知覧地区一帯から隔たった鹿児島県内該領域の薩摩の地にはすでに奄美群島から大隅半島の志布志湾に入りここから上陸し奥の薩摩山中に定着した縄文人の曽於族（「襲族」）「隼人」の盤踞地があった。そのため「熊族」は「肥後の球磨族と大隅の曽於族がいつのまにか両族併合表現で『熊襲』と呼ばれるようになった。」そんな時代が有ったため深草秦氏はキッパリと『クマタケル』と言い放ってどちらかといえば朝廷親派よりの氏族「隼人」とは異なる抵抗氏族「熊族」であることを喧伝した節がある。ここに関連する口伝がある。以下その内容を筆者なりの理解の範囲で記す。

【13代『草軍団』国（「熊国」＝《狗奴国》）王の在世年は（２２０年（生）～２８１・５年(没)）である。〃２４８年「卑弥呼」は、さらにその後二十年以内には「宗女・壱与」が、13代狗奴国男王によって滅ぼされた。〃

　八代孝元天皇は神武天皇皇子の八井耳尊の第八皇子・雀部臣と宇摩志麻治尊の子孫である穂積連との合同によるクーデターによって擁立された天皇であった。《上代日本正史　原田常治　同志社　平成元年　84頁》これが、いわゆる魏志倭人伝に言うところの倭国大乱であったのである。ちなみに倭国大乱（１４７年～１８９年）時期の天皇在位年は

八代孝元天皇（１３０・５年（生）～１４７年（即位）～１７５・５年（没））、
九代開化天皇（１５１年(生)～１７５・５年(即位)～２０５・５年(没)）
十代崇神天皇（１７９年(生)～２０４年（即位）～２３８年（没））である。この関連系図は推古天皇によって没収され焚書坑儒にあったため記紀には組み入れられていない。「卑弥呼」はクーデター真最中開化天皇即位直前１７０年頃に日向で誕生した。隼人系日向族出身の吾平津姫を母に持つ手研耳命は磐余彦〈神武〉の日向時代の二人の貴種のうちの長子であった。彼は父・大和朝廷初代（日向縄文王朝第21代）神武天皇の崩御後、服喪中にも拘わらず正妃・媛蹈鞴五十鈴

媛を自分の妻とした。このことから正妃の子らとの間で禍根を残した。このため「九州」側と「倭政権」側と間に対立構造が生じた。この禍根の残像は神武天皇崩御から２００年後の時代にまで尾を引いていた。隼人系日向族出身の磐余彦〈神武〉のＤＮＡを受け継いだ傍流貴種・手研耳命の七代目の子の一人として１７０年頃「卑弥呼」が日向で誕生していたのである。「卑弥呼」と同一人物だとの流布説がある第七代孝霊天皇の娘・倭迹迹日百襲姫は「卑弥呼」誕生時３９・５歳であり、霊媒師として既に活躍中であった。「卑弥呼」は紀元前64年に崩御された日向縄文王朝19代女王『大日霊女《おおひるめ》　貴《あなむち》　尊《のみこと》』（諡号は撞賢木《つきさかき》厳御魂《いつきみたま》天疎《あまさかる》向津毘売命《むかつひめのみこと》）が神武天皇の祖母であることを認識していた節がある。質問をした魏の役人に対して、彼女の存在した年代から３００年以上も時代が下がる女王の名前を寸借詐称して『日霊女』・「ヒミコ」であると、さらに、支配領土の広さを偽証して三倍以上も膨らませて七万余戸であると景初二年（２３８）魏国へ遣わした大夫難升米等をして応えさせた。念のため、魏志倭人伝「此女王境界所盡」における「此女王」は「卑弥呼」ではなく『大日霊女』、「境界所盡」は「熊国」ではなく『琉球国』の北沖合の現与論島、当時『奴国』のことである。聴取した役人は自分が軽視されていると感じた時間があった後に『ヒミコ』と聴き取ったため「卑弥呼」と言った蔑視的表現を感じさせる文字に置き換えて正史に記録せしめたと考える。何故ならば倭人の言には実がない！つまりは嘘が多いと旧唐書巻百九十九上列伝東夷「日本国」条は記録しているからである。ここで「持統女帝の焚書坑儒は何故おこなわれたか」「卑弥呼」は「大日霊女」の名を何故寸借詐称したか」この疑問に応えておく必要があろう。結論を述べれば魏国の虎の威を借りて彼女は「火事場泥棒」を目論んだのである。「売国奴」に成り下がったといえる。この事実を国史の『日本書紀』および『古事記』に残すわけにはいかなかったはずである。大夫派遣年・景初二年（２３８）は「卑弥呼」69歳、崇神天皇崩御の年であったことは注視に値する。倭政権の政変（クーデター）の混乱に乗じて、かなわぬ夢とも思わずに大胆にも倭政権に弓を引いた。「卑弥呼」乃至その周辺の者たちは、神武即位以降倭政権の中枢から弾き出されて無視され続けてきたことへの恨みをここで晴らすべく、彼女の亜流貴種を利用して『卑弥呼新政権』を樹立させようとくわだてたのである。「寸借詐称行為」はくわだてた目論見の実現を真面目に抱いていたことの証である。戦況が不利になってくると魏国へ加勢を求めるなどは「売国奴」以外の何者でもない。「売国奴」に成り下がったことからしても倭政権に弓を弾いていたことは疑う余地がなかろう。しかし、彼らの目論見は狗奴国男王によって破壊されて潰えた。ここで《狗奴国》が戦に負けていたなら魏国は日向上陸を決行していたかもしれない。無論これが端緒となってわが国全土へ侵攻が拡大、卑弥呼の女王国のみならず倭国さえもが魏国の傀儡政権に成り下がっていた可能性も否定できない。これを思う時、深草秦氏の『「売国奴」殲滅（かいめつ）』は呉国の支援があったかもしれないにせよ、倭国を魏国の侵略から護ったという点で称賛が与えられて然るべきと考える。また、平安京遷都に黒子役を引き受けた秦氏宗家の所業は当然に称賛されるべきだが、深草秦氏がこの一件を秘匿し続けて黒子に徹して今日に至っている〝至誠〟《松陰の座右銘／孟子の言葉から》への称賛はさらに一層わすれてはならない礼儀かと思う】

さて、話を秦氏に戻す。件の〝クマタケル〟事件の後、新天地を求めて上洛し、転々とした後、山代の深草の地に定着。ここを拠点に、大和政権の律令体制下の中枢に組み込まれてここの補佐役的職務を担ったようである。５８０年の丁未の変の時には宗家秦氏秦河勝の指揮下に配属され、「深草郡司」として職務を誠実に遂行したと思われる。奈良からの脱出逃亡をはかったわが阿刀家19代・一足を、導いて「深草の里」に匿ってくれたのである。何時の頃からそう呼ばれるようになったのか不明であるが、わが家は「命の恩人〝深草秦氏〟」と感謝の念を込めて、第24代深草秦氏をこう呼んでいる。現在もなお、毎朝稲荷山の方角に向かって感謝の念を込めての遥拝を怠らない。直系ご子孫がもしご在世であれば、『68代深草秦氏』と言うことになる。もっとも、この代数は暦年であり、皇紀年では、（68 x２=）１３６代となる。念のため申し添えた。ご在世を祈るばかりである。以上の考察を都市伝説と切り捨てる御仁がおいでであれば、これに対してその切り捨て理由を求めたい。さらに、『広隆寺来由記』によれば、秦河勝は秦の始皇帝から数えて十五代の直系であると記されていることに一言。直系の真偽はさておき、十五代、これはあり得ないと断言できる。何故ならば、一代当たりの在任期間が52・7年《｛（２１０＋５８０）／15｝＝52・7》となり、一代当たりとしては長命に過ぎるからである。恐らく皇紀年扱いがされていると思われる。よって、以下の如く暦年に換算する必要があろう。［｛（52・7／2）＋33・07｝／2＝29・7＝30］ 30年が妥当なところであるから、この年数を適用すれば、二十六代となる。《｛（２１０＋５８０）／30｝＝26》となる。しかし、深草秦氏のこの時の代数は24代であるから、本来ならば宗家秦氏・河勝も同じ『24代』であるはず。したがって、『26代』は若干疑問が残る結果である。しかしこの結果は「秦河勝公の直系郡司ではなかったのではないかとの説」を返って裏付けてくれたことになる。この結果から宗家の家系は深草秦氏のそれより若干短命であることを知ることが出来るのである。

さて、わが家には-五十八代権律師栄元《ごんりっしえいげん》が遺《のこ》した家訓《かくん》がある。**飢寒三分《きかんさんぶ》で黒子《くろこ》に徹《てつ》する!!**であるが、意味なく遺したとは思ってはいなかったが深くその意味を追求してこなかった。ところが、秦氏、徐福が登場するこの第十章の内容を練っている時に、突如、『黒子に徹する!!』の意味が理解できたように思ったのである。しかし、本書をこうして世に問うたことによって家訓が守られないという結果をもたらしているが、この結果を後悔しているかと問われれば否と応えざるをえない。そこで、家訓を守れなかったことへのうまく表現出来ない自分の複雑な気持ちを取り除くための方便を考えてみたのだが、結局纏《まと》まらず、「へたな考え休むに似たり」に終わってしまった。ただ、一言、強がりを言わせてもらえば、以下に述べた心象経緯《しんしょうけいい》が家訓を守らなかったことへの筆者の言いわけを補ってくれたと思っている。本章１５６～１５９頁において『人として行うべき「道」の思想規範』の思想にふれ、同時にモルデカイ・モーゼ氏著の内容の深読みにもふれた。この時、『撓《しな》いのひびき』(瀬尾謙一著)の「帯文」の『道』とは何か‼を想い出した。『心』『技』『体』そして『道』とは何か‼戦後の日本人の多くがときとして忘れようとしている民族特有の美意識「道」を、剣の道を通じて、先人、恩師の教へと自己のたゆまぬ精進と鍛錬により自得、開眼された著者が世に問う、現代の五輪之書ともいうべき本書です。』発行者・京都府立城南高校剣道部・剣禅会/代表・奥村克己　発行『撓《しな》いのひびき』(瀬尾謙一著)神修館・角田将郎　昭和57年発行の帯文含む序文から抜粋引用する。

『さきに、日本泳法流派史話、有栖川流書道など、刊行された瀬尾謙一先生は、この度、撓《しな》いのひびきを、出版された。瀬尾先生は、七十数年の間、撓いの道に入りびたり、この道の経験、十分の大先輩である。近時、この道の傾向をみて、何れも、黙許しがたきものばかり、胸中の鬱積、遂に発して議論となり、文章となるの発憤をもって、この出版となったのである。世上ひとり、撓いの人のみならず、人間の形成に留神の人、御一読下さるべしと、おすすめする。私は栄名を頂いて、有栖川流書道の序文を書いたが、その中で、瀬尾先生は富士の孤高の人であると讃嘆した。この度、この撓いのひびきを心誦して、一層その感を深くした。剣道は遊戯にあらず、そこを明確に論議する人、瀬尾先生をさしをいて、他に無しと、私は極言する。先生はかつて、昔の人は、おくゆかしかったと、話しされた。この序文は、そもそも、その寸言が、縁となったものである。

式内阿刀神社　阿　刀　弘　文』

第十一章　ひとりごと

一．神武天皇ご即位年は紀元前七〇年である。『日本書紀』は神武即位年を紀元前六〇年とする。

一．闕史八代（二代～九代）は存在する。または闕史八代説は存在しない。

一．卑弥呼（一七〇年～二四八年）は天照大御神（紀元前一五八年～紀元前六四年）ではない。

一．箸墓古墳《はしはかこふん》の被葬者はヤマトトトビモモソ媛（一三二年～二一〇年）である。

箸墓古墳完成年は【鷲崎弘明〈速報〉『炭素14年代：国際較正曲線INTCAL20と日本産樹木較正曲線JCAL』2020.10.04】の図４中の《INTCAL13較正曲線》が１８００ＢＤ（＊）線と交わる点を求めて、この点を昨秋既版の電子書籍《『上古代日本の歴史余聞』青山ライフ出版》では１７５・５年としたが、測定誤認があったためこの値を２２６年に改める）

この71頁～73頁を白紙撤回することにした。（令和5年9月19日）

再度読み返したが、この頁には相応しくない、わかりにくい内容が含まれていることに気づかされた。これは失態である。即座に孔丘先生のお言葉が頭に浮かんだ。

〃過ちを改めるにしくはなし！〃《過則勿憚改　孔子論語(学而)》（過ちはすなわち改たむるにはばか

る事なかれ!)である。主題の内容は「過ち」ではない。「失態」に言い換えて〃失態を改めるにしくはなし〃という意気を抱いて白紙撤回頁の文章内容を以下の内容に敷衍《ふえん》する。
〈69頁下から3行目〉〃だから被葬者は皇女である!と言っている訳ではない。〃に以下の文を続ける。
【~とは言うものの皇女の没年は『紀』の内容から崇神十年九月二十七日であるから、暦年換算すれば在世年は(131・5年~209・8年)となる。

ここで没年209・8年が箸墓古墳の築造開始時期に符合するか否かの検討を試みた。その結果、以下の丸山竜平氏の論考に有益な内容が述べられていることが判った。歴史読本臨時増刊(第三十一巻第六号)新人物往来社の60~67頁の中の65頁、「箸墓はいつ築きはじめたか」の内容がそれである。

概要を略記すれば、卑弥呼の墓!を想定して墓の築造開始時期を墓周辺で得られた土器から土器編年法によって特定しその結果を180年~250年と想定された。『『北史』には「正始中、卑弥呼死す。」とあることから、二四八年に彼女が没した公算が強い。彼女はおそらく西暦一八四年から二四八年頃まで、およそ六五年間の長きにわたって巫女王として君臨したのである。共立時の年齢がかりに十三歳であったとしても、すでに八十歳に近い年齢に達していたといえよう。没年を二四八年とみた場合、その墳墓への埋葬はいつ頃であったろうか。それは彼女の墳墓の巨大さ、造営期間にかかっているといえよう。今いえることは、箸墓の築造開始年代と卑弥呼の没年代とが相重なることを認めることができるということである』(下線は筆者)と述べておられる。

【鷺崎弘明〈速報〉『炭素14年代：国際較正曲線INTCAL20と日本産樹木較正曲線JCAL』2020.0.4】の図４：(図２(ｂ)の拡大)におけるINTCAL20較正曲線上の1800BD値はAD290〜AD340年頃であるとして鷺崎氏はこの論文で『春成秀爾氏らが報告されたAD240〜AD260年頃は〝間違いである〟』と否定された。

一方、国際較正曲線INTCAL13を〝最も正確妥当な標準物指〟と信ずる筆者が同上図４を用いて１８００ＢＤ値をスケールアップ測定した結果はＡＤ２２６年となった。このＡＤ２２６年は、鷺崎、春成氏らの結果を否定した。ＡＤ２２６年は箸墓古墳完成年である。箸墓古墳は倭迹迹日百襲姫命没後16・２年(226−209.8=16.2)間を要して２２６年に完成したことが判る。

(考察)

① 倭迹迹日百襲姫命《やまとととびももそびめのみこと》（以下、モモソヒメ）は２０９・８年没後、ただちに箸墓（以下、墓）の築造を開始して２２６年に完成させた。築造完成までには16・２年の期間を費やしたことになる。

② 丸山竜平氏の結論は『箸墓の築造開始年代と卑弥呼の没年代とが相重なることを認めることができるということである』である。

この結論に順ずれば卑弥呼没年の２４８年時点で、22年前にすでに墓は完成済みであるから、モモソヒメがここに埋葬されていないとすれば、21年（２２６−２４８+１=−21）間空墓状態に在ったことになる。

一方、モモソヒメ没年の２０９・８年時点で、墓の築造着手であるから、16・２年後の２２６年に実際に墓は完成したことになり、モモソヒメが埋葬されたという可能性はきわめて高い。これは、頗る現実的である。箸墓古墳の被葬者にこの二名、卑弥呼とモモソヒメのいずれかを選ぶかと言われれば明らかに箸墓古墳の被葬者はモモソヒメであるということになろう。

③　つづいて、仮に鷲崎弘明氏が否定された春成秀爾氏らの結果〈AD240〜AD260〉を採用すれば、②とは真逆の結果をもたらすことになる。すなわち卑弥呼没年２４８年に築造着手して２６０年に完成させたとすれば完成までに12年間を要したことになる。

④　一方、モモソヒメ２０９・８年没の場合は51・2年(260−209. 8+1=51. 2)後の２６０年に墓は完成、ここに至る間に卑弥呼が没するのであるからここから12年後に完成する墓に埋葬されるのは卑弥呼である可能性はきわめて高いことになる。これは現実的である。

空墓状態期間がモモソヒメの場合該52年間、卑弥呼の場合は14年間となるから箸墓古墳の被葬者はモモソヒメではなく卑弥呼ということになろう。

（結論）

結果は以下のようである。

結局②と④の結果は異なる二系統の較正曲線から得られた測定値の差にあること明白であるから、

この事実は受け入れざるをえない。二系統の較正曲線とは【鷲崎弘明〈速報〉『炭素14年代：国際較正曲線INTCAL20と日本産樹木較正曲線JCAL』2020. 10. 04】ならびに【国際較正曲線「ITCAL13」】である。筆者は後者・「INTCAL13」の測定誤差の少なさに信頼を置く者であるが、同時に箸墓古墳は国側(宮内庁)によって管理されモモソヒメの墓に治定されているので国側の主張に従いたいところであるが、今回ここでの箸墓古墳の被葬者の検証結果は、モモソヒメか卑弥呼かのいずれに軍配を上げるのが穏当であろうかと思案した時、筆者に悩ましい問題を投げかけている。二系統の国際較正曲線上に現れている数値の信頼度の高さに係っている問題となっているからである。換言すれば、曲線を描き出す測定装置の同位元素の検出器の検出(感度)精度に数値の信頼度の高さは左右される問題となっていると思われるので筆者には如何ともしがたい悩ましい問題となっているのである。そのため、いずれにも軍配を上げることが出来ないと言うもどかしい状況下に在る。ここで今回のこの検証内容を翻ってみてみると、『箸墓古箸は宮内庁によって管理され倭迹迹日百襲姫命の墓に治定されているという事実が頭を過った。この事実を客観的証拠資料として取り上げることはあながち無謀なことでもないように思えてきた。そこでこの資料を覆すに足る客観的証拠資料が他に得られているか周辺を見渡してみた。しかし見当たらない。見当らない以上、モモソヒメは、死亡後の16・2年後・226年もしくは221・8年に、箸墓古墳に葬られたとしても特段受け入れられない事象でもないだろう。』そう結論した。】

⑬図表11　倭迹迹日百襲姫命《やまとととびももそびめのみこと》（モモソヒメ）／卑弥呼《ひみこ》女王関連年表

〈260〉〈卑弥呼〉《古墳完成年》

50・2【古墳空葬期間】（260−209・8＝50・2）

12・0【古墳完成期間】（260−248＝12）

〈248〉卑弥呼（没）（79・0歳）22・0【古墳空葬期間】（248−226＝22・0）

226〈モモソヒメ〉《古墳完成年》

16・2【古墳完成期間】（226−209・8＝16・2）

209・8　モモソヒメ（没）（79・3歳）

〈170〉卑弥呼（生）

131・5　モモソヒメ（生）

図表中囲い内数字は西暦年、その他は期間（経過）年数

（＊）：1800BDとは1800年前の西暦150年〈1950 ― 1800＝150〉の事跡であることを意味する

おわりに

読者の中には第五章の75頁⑪地図5—4における（A）地点、（B）地点をどのようにして決定したのかという疑問を持たれた方もおられるかも知れないと思いこの疑問にお応えしておきます。

決定法の基礎には「鬼門、天門の方位」が関わっています。すなわち吉祥院地の（A）点は執行阿刀家～羅城門間を通る鬼門位線が深草阿刀家本貫地の（B）点を通る天門位線と交わる点です。そもそも当初は本貫地の（B）点が定まっていて、この点を通る天門位線が吉祥院の鬼門位線と交差する（A）点を求めて、この点（位置）を表鬼門にもつ矩形地周辺を吉祥院敷地と定めたはずです。これを行ったのは阿刀雄足です。それは彼の強い信念（〝鬼神思想に発した家相の風習〟（以下、「鬼神の風習」）から発せられた行為であったのです。現在ではこの（B）点は存在していないのが現実です。しかし（A）点は存在しています。それならば阿刀雄足の行った方法で（B）点を定めることは可能です。鴨川右岸沿線に最接近する東西心線（南北線）道路は地図から旧油小路通りとなることが判ります。この道路と交差する（A）点を通る天門位線が（B）地点ということになります。こうして深草阿刀家本貫の敷地（B）の場所を定め得たのです。以上が疑問にお応えした「（A）地点ないし（B）

地点の決定法次第」です。ちなみに、(A)点を表鬼門にもって構成される矩形の吉祥院天満宮の地積値は1982５坪となります。参考までに記しておきます。

ところで、この(B)地点は、本来、当家本貫地(本籍地)であるはずです。筆者はこの地点が現在いかなる住所にあるかを調査してこの地を踏んでみたいと思っています。可能ならば中心点B、半径10メートルの円形領域を購入してここの埋蔵遺跡を掘り起こしてみたいと考えています。19代阿刀一足の墓誌がここに埋められている可能性があるからです。墓誌が検出されればこれまでに展開してきた論述の正しさが補強されることになるはずであると思います。

以上で空海の主要部分の「謎」については解き明かせたと思っています。解き明かす方法は基本的に文献を介しておこないました。振り返って思うことは「驚き」ばかりです。得られたすべての文献の内容がきわめて適格性の高いそれであったこと、およびこの中には不要文献が一報たりとも無かったこと、このことによって入手に際しての「偶然」を感じることが多くあったことに驚いたのです。文献入手に際しては専門分野でない諸先達の恩恵をこうむったこと、またその際に有益有効なご助言を仰げたことなどが基層にあったことが本書を完結に導いてくれたのです。

ここにご芳名をかかげ、諸先達のご厚情に深甚の謝意を表します。

小林良彰様(当時『空海とヨガ密教』著者)

高島英明様(当時香川県在住愛鯉家)

秋山　達様（秋山　達税理士事務所代表取締役）
月本一武様（当時仏教大学学芸員）
淀川様（当時京都嵯峨芸術大学学芸員）
藤玉明利様（当時大阪府在住）
綾川様（当時香川県綾川町滝宮天満宮宮司）
右先達方がたには大変お世話になりました。謹んで心よりお礼を申し上げます。

令和五年（２０２３年）六月十五日

阿　刀　弘　敬

引用・参考文献

『週刊古寺を巡る　25　四天王寺』　小学館　2007年

『週刊古寺を巡る　3　東寺』　小学館　2007年

『延喜式』国史大系〈普及版〉　吉川弘文館　平成七年

『続日本後紀』巻四、仁明天皇

『大日本古文書』一六巻三六九頁

『東寺《とうじ》執行職《しぎょうしょく》血統《けっとう》相承譜《そうしょうふ》』

『碑文』空海　中国西安市青龍寺内《『大唐神都青龍寺故三朝国師灌頂阿闍梨恵果和尚之碑』》

『空海を解く』ＩＢＭ四国空海シンポジウム　(株)徳間書店　一九八四年

『空海とヨガ密教』小林良彰　学習研究社　二〇〇七年

『先代旧事本紀』〔現代語訳〕安本美典【監修】志村裕子【訳】　批評社　二〇一六年

『物部氏の伝承と史実』　前田晴人　(株)同成社　二〇一七年

『増訂　日本仏教家人名辞書』鷲尾順敬　東京美術

『菅原道真の実像』所　功　臨川書店　平成十四年

『尊卑分脈　菅原氏』

『系図纂要　第七上　菅原氏　紀氏（1）』

『国史大辞典９』
『総合仏教大辞典』
『日本仏教人名辞典』
『續群書類従』巻第百七十五　系図部七十菅原氏系図伴氏系図』
『北野文叢』巻三十七　紀文部　菅原氏』
『北野文叢』巻五十四　藤原頼長日記　久安二年六月十二日』
『瀧宮天満宮―神仏ご縁法要ご案内』綾川宮司　香川県綾南町瀧宮天満宮
『りょうなん紀行』香川県綾南町観光協会編集
『日本古代氏族人名辞典』坂本太郎　平野邦雄　監修　吉川弘文館　平成二年
『日本古代政治史研究』岸　俊男　塙書房　昭和五十二年
『續日本紀研究』第３０４号　関根　淳　１９９６年
『史林』第６８巻第２号　論説　本郷真紹（５２）／研究ノート　山本幸男（１１８）　史学研究会　京都大学文学部内　一九八五年
『若き空海の実像』飯島太千雄　大法輪閣　平成２１年
『三教指帰』序文　河内昭圓　飯島太千雄『大谷大学研究年報　第四十五　集／六十四集』
大谷学会１９９４(平成六年)三月／２０１２（平成二十四)年三月十六日発行)

『継体天皇と朝鮮半島の謎』水谷千秋　（株）文藝春秋　２０１３年
『謎の渡来人　秦氏』　水谷千秋　（株）文藝春秋　２００９年
『古代豪族と朝鮮』京都文化博物館編　〈井上満郎　森　浩一　上田正昭　西谷　正　門脇禎二　共著〉
新人物往来社　一九九一年
『式内　阿刀神社―入口立札の転載―』京都市〈京都市右京区嵯峨在〉
『真言宗政所　東寺執行家―入口立札の転載―』京都市〈京都市南区東寺在〉
『遣唐使の見た中国と日本』王　維坤　専修大学・西北大学共同プロジェクト編　２００５年
『傍訳　弘法大師空海　性霊集（上）』宮坂宥勝　株式会社四季社　平成１３年
『弘法大師・空海は、どのようにほうむられたか』北口雅章　マイベスト　ブログ　２０１７年
『空海の風景（下）』改版１２版　司馬遼太郎　中央公論新社　２０００年
『神道灌頂三輪流師資相承血脈』中山和敬　高野山大学所蔵　第六巻三輪流神道篇
大神神社史料編集委員会　昭和五十四年十二月二十三日発行
『甦った空海―密教ブームの秘密』　和歌森太郎　河出書房新社　昭和五十九年四月二十五日発行
昭和五十九年四月二十五日（講談社「現代」昭和四十八年八月号所収）
『人類の起源』　篠田謙一　中央公論新社　６版　２０２２年
『古代日本の豪族』黛　弘道　門脇貞二　水野祐　直木孝次郎　吉田　昌　森　浩一　学生社

『空海と最澄の手紙』 高木紳元 法蔵館 １９９９年
『海人と天皇』 梅原 猛 朝日新聞社 １９９１年
『始皇帝本紀』 史記 司馬 遷
『新説』 日中古代交流を探る いき一郎 葦書房 １９８９年
『中国正史の古代日本記録』 いき一郎編訳 葦書房 １９９２年
『日本書紀』 宇治谷猛 講談社学術文庫 ２００２年
『日本書紀』 坂本太郎 家永三郎 井上光貞 大野 晋 校注 岩波書店 昭和51年
『上代日本正史』 原田常治 (株)同志社 平成元年
『古代日本正史』 原田常治 (株)同志社 平成3年
『旧唐書』 巻百九十九上 列伝 東夷 「日本国」条
『歴史読本特集謎の歴史書「古史古伝」』(第三十一巻第二十二号)
木村信行 新人物往来社 昭和61年
『あるユダヤ人の懺悔《ざんげ》
日本人に謝りたい』 モルデカイ・モーゼ著 久保田 政男訳 沢口企画 ２０２２年
『稲荷の言霊で読み解くカタカムナ カタカムナ言霊《ことだま》解』 天道仁聞 今日の話題社 ２０２３年
『広隆寺来由記』

『撓《しない》のひびき』瀬尾謙一　神修館・角田将郎　昭和57年
『撓《しない》のひびき』〈帯文〉〈序文〉阿刀弘文　神修館・角田将郎　昭和57年
『炭素14年代：国際較正曲線INT CAL20と日本産樹木較正曲線JCAL』鷲崎弘明 2020.10.04
『歴史読本特集古代天皇と巨大古墳の謎』臨時増刊（第三十一巻第六号）丸山竜平
新人物往来社　昭和61年
『上古代日本の歴史余聞』阿刀弘敬　青山ライフ出版　2022年
『奈良文化財研究所学報』奈良県教育委員会　第62冊史跡頭塔発掘調査報告　2002年
『平成十四年高島歴』高島暦出版本部編纂【家相の図】東京神正館蔵版　平成14年

図版・系図・表など挿図および添付資料一覧

①図１「古事記」「日本書紀」『先代旧事本紀』よりの合作系図　24頁
②図３道真&空海の関係系図　35頁
③表３―１〝仮定の妥当性〟を確認した一覧表　36頁
④表３―２生年没年一覧表　36頁
⑤表３―３智泉を子とした場合の親の結婚年齢一覧表　38頁
⑥表３―４古人、清公、道真結婚年齢一覧表　38頁
⑦図５㉖代阿刀雄足関連系図　58頁
⑧地図５―１鬼門位、天門位線図　72頁
⑨地図５―２花洛往古図（寛政年間版）（再刻平成１１年９月）〈京都〉竹井　利夫編　73頁
⑩地図５―３羅城門―東寺執行屋敷間鬼門位線図
（「週刊古寺を巡る」３　東寺　小学館　２００７年２月２０日発行　74頁
⑪地図５―４条里制施行前山代地区阿刀家所有地積図　75頁
⑫図表７―１当時（７７５年）の香川「善通寺」「仏母院」「海岸寺」の海面位　95頁
⑬図表１１倭迹迹日百襲姫命／卑弥呼女王関連年表　１７８頁

申可見神筆之由。其儀如常但奉幣後不齋。依非祭日
也。次著衣冠乘網代車。前驅衣冠入自待賢門。入
外記局。少將公親朝臣。宮內大輔定信。少納言能正。
三人皆衣冠相從人結政屋。少納言座北弘板敷。設半
帖一枚余居之。上卿座相從人在座邊。先之自文
殿出神筆。納筥。以函納櫃子。年序十余年。大外記師安朝臣束帶
取神筆及府解。府解加納筥。神筆納函置余座前小机上。置立此机即
余讀神筆及府解了。令定信開之。其紙高廣如
本切之。但本紙色紙新白例紙定信書二枚一定信料一余料。此間相從
人及前驅等見之。師安申曰。求參御之前府解
及神筆皆開取了。又曰。古人傳曰。此神筆不異
道風手跡。但文書無所見。余問似否於定信。定信曰頗似。
于時公親朝臣曰。道風手書相共參入者即授之
相似。就中秡此共有高學校之余同。余問定
信曰。似生存御手書乎。答曰。不似。師安曰。尹
良朝。北野者弘法大師後身。道風者北野後身。云云。
定信曰。神筆出現正暦四年。見府解是則道風死後及
五十年也。神筆及府解置机上。退左右。兩段
再拜。依不具借用師安笏了。召師安令返納之。本常後念過
見神筆之間持念珠。次見局內所所文殿及府庫等之類也。又見鏡二枚。鏡

一枚此二物自文殿取出歸家。
禮儀類典巻第二百三十八
臨時
諸社遷宮
百錬抄曰。文暦元年二月十六日乙酉。於院殿上有
北野火事定。云云
十七日丙戌。於斜廊被卜北野火事。
造假殿可奉渡事。卜云吉。占云同。
廻廊間數守舊跡可被然。卜云吉。占云同。
造營事。菅氏長者大藏卿公長卿給長門國可致
其沙汰之由被仰下了。
廿一日庚寅。今夜亥刻。北野假殿遷宮。云云
六月四日辛未。北野宮御殿以下上棟也。
康富記。文安元年四月十三日壬辰。是日辰刻許。北
野天滿宮社頭掃地炎上。
十九日戊戌。北野社假殿遷宮日時定也。上卿權中
納言民部卿藤原清房。職事藏人左中辨俊參。左大
史晨照宿禰。左少史盛時。陰陽頭安倍有秀朝臣等
參之。來廿五日甲辰未刻之由進勘文云云。此事
兼日自武家申。官社家被治定也。公家非可

北野文叢巻五十四　六八一

添付資料1③　藤原頼長日記（久安二年六月十二日）

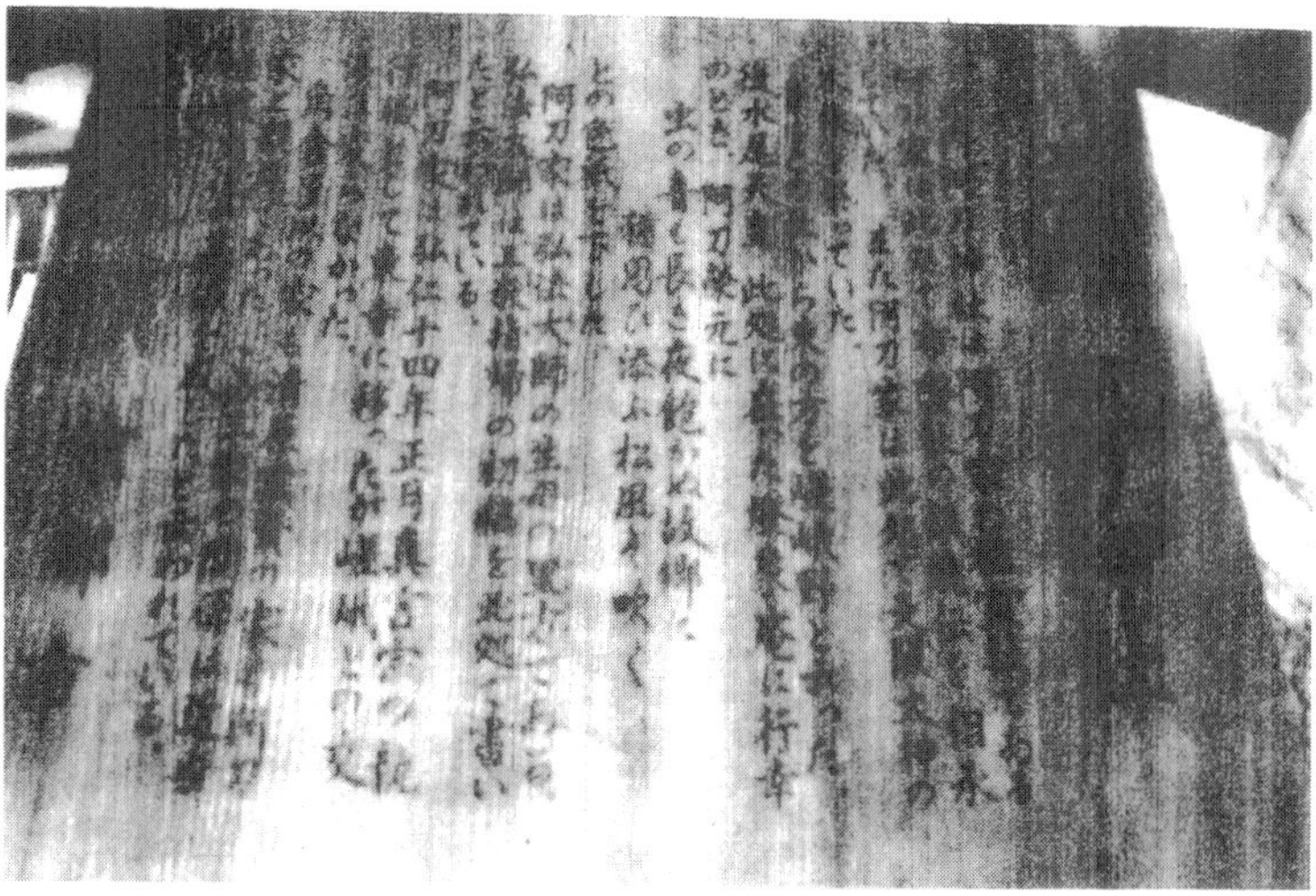

添付資料2⑤　式内　阿刀神社―京都市立札写真―

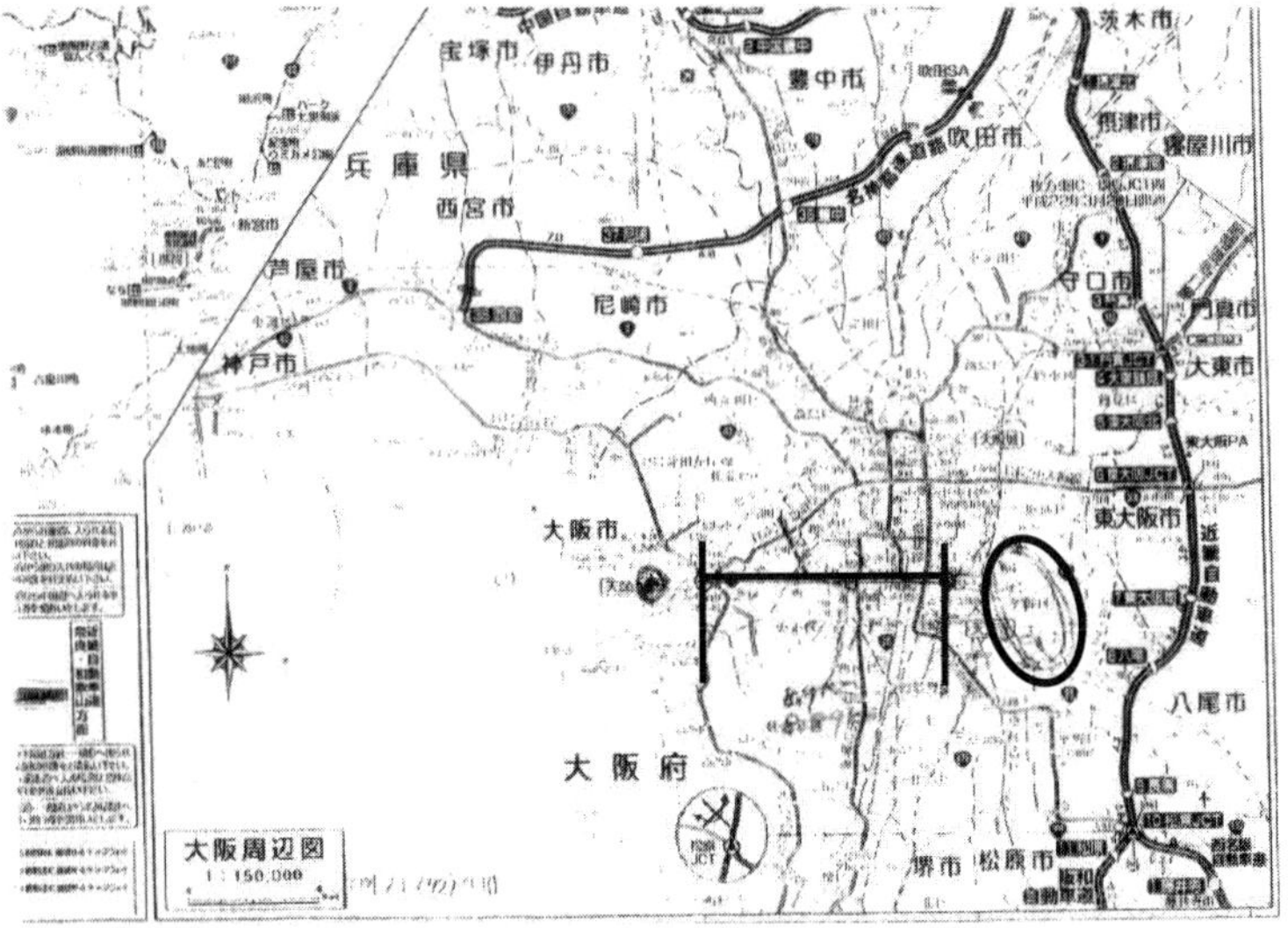

添付資料4⑦　大阪四天王寺周辺図(『高速道路ガイドマップ』西日本高速道路サービス・ホールディングス株2011))

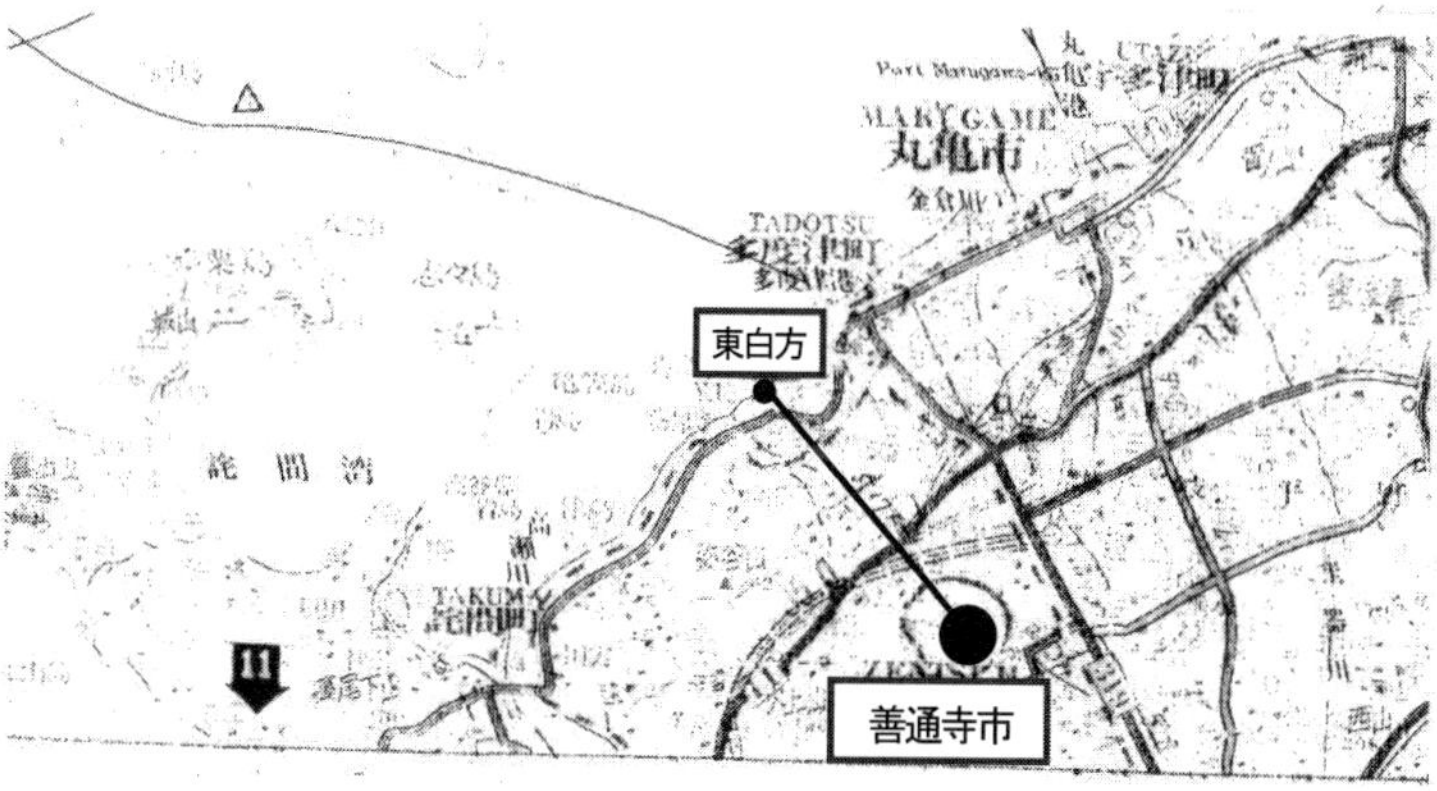

添付資料5⑦　香川善通寺近辺図（『関西観光ロードマップ』(株)ナンバー出版（1985））

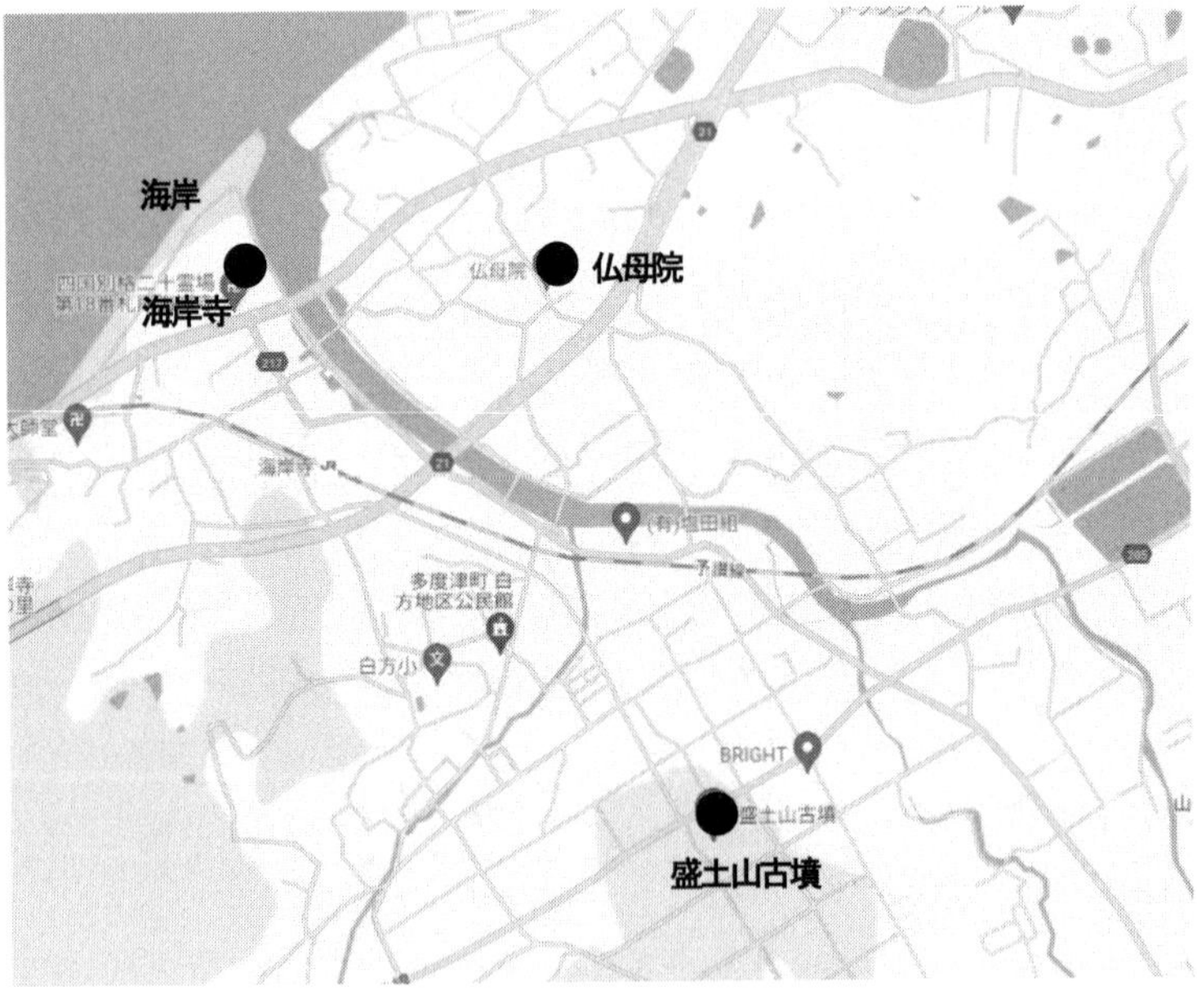

添付資料6⑦　香川盛土山古墳周辺図
(Googleマップ)

盛土山古墳

所在地
香川県仲多度郡多度津町大字奥白方字片山

概要
直径約45m、2段築成の円墳で埴輪を備える。葺石は確認されていない。2重周溝を含めた全長は約75mを測る。墳頂部にある組合式の箱式石棺から出土した銅鏡や勾玉（6〜7cm位のビッグサイズ）は東京国立博物館に収蔵されている。5世紀末の築造。県指定史跡、1976（昭和51）年指定。

千人塚、かんす塚とも呼ばれている。

出典：古墳マップ運営

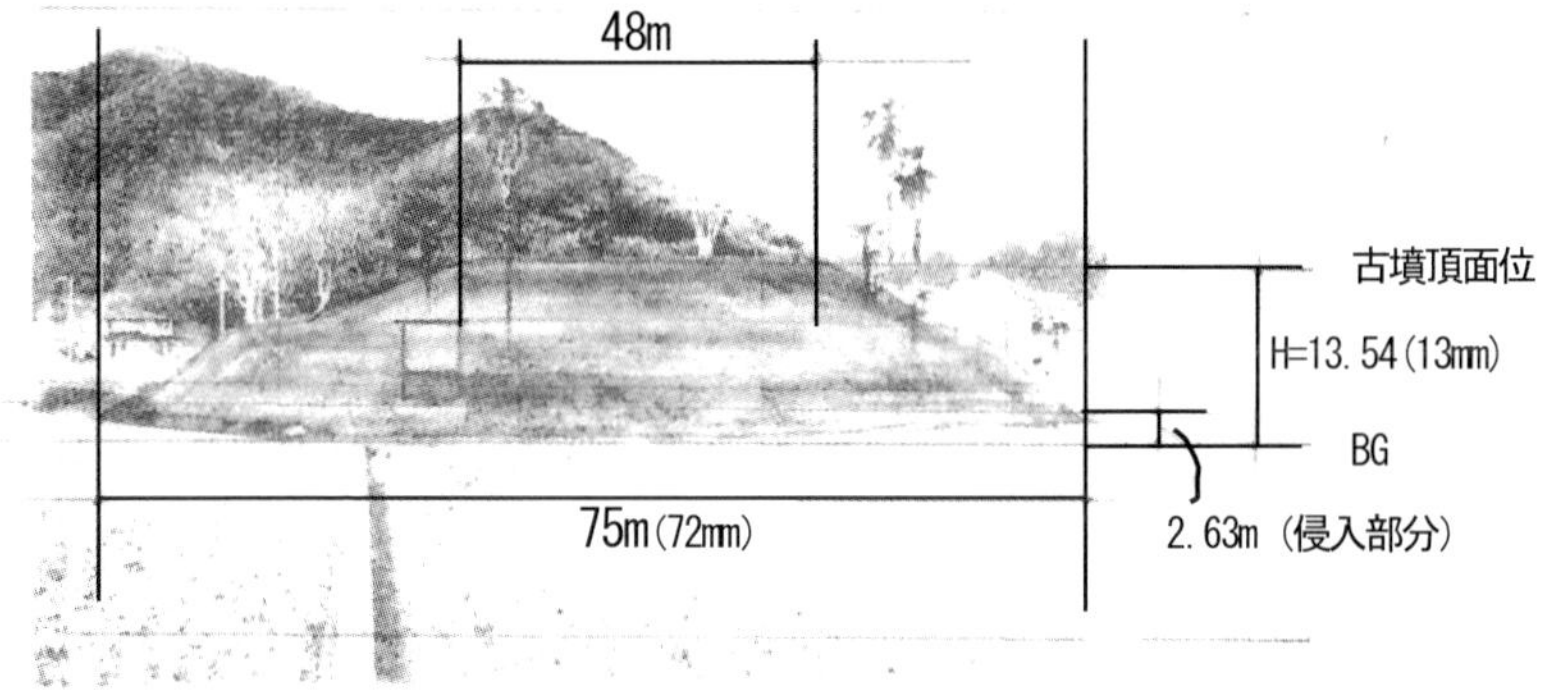

添付資料7⑦　盛土山古墳図〈香川県教育委員会古墳図説明立看板〉

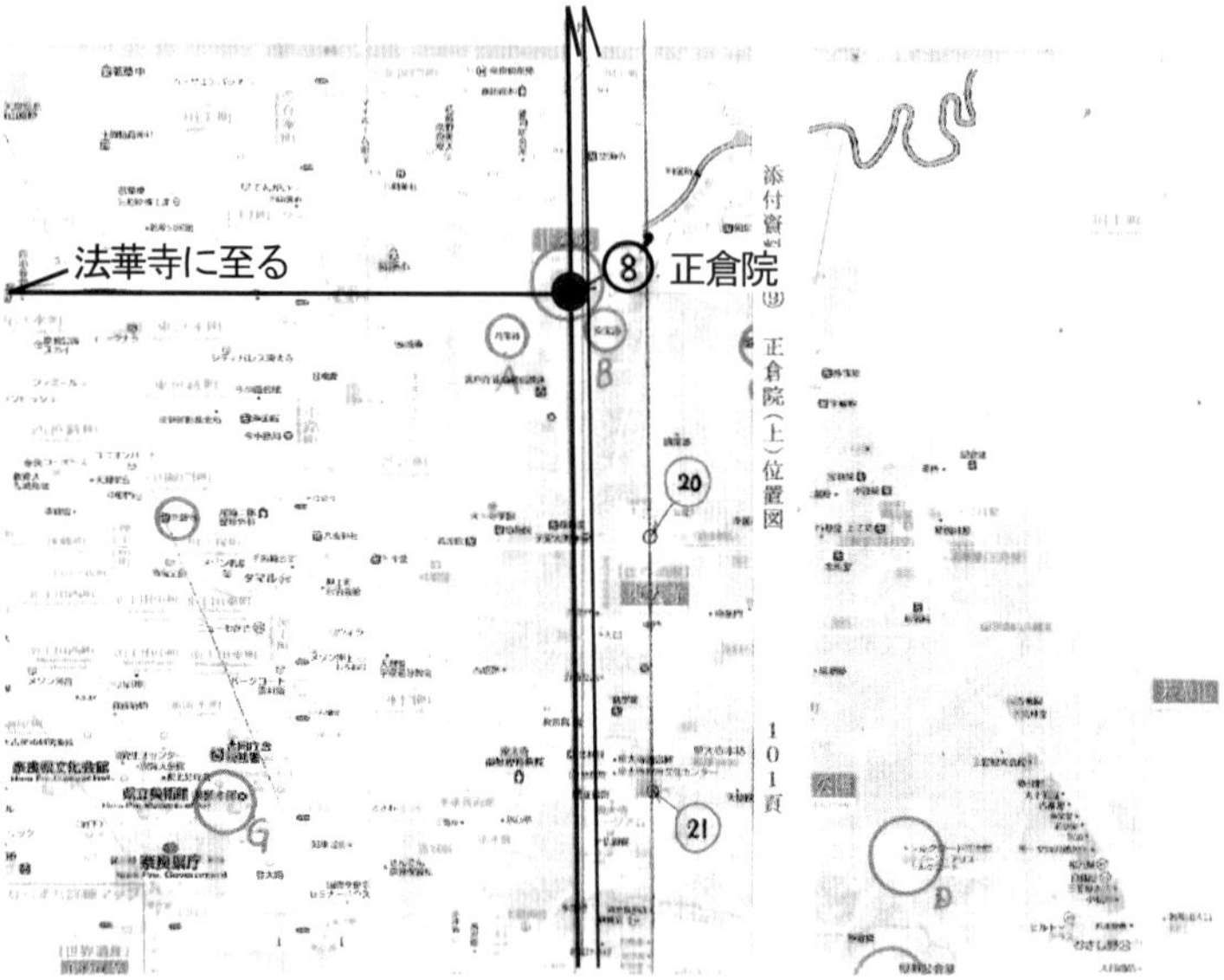

添付資料9⑨　正倉院(上)位置図

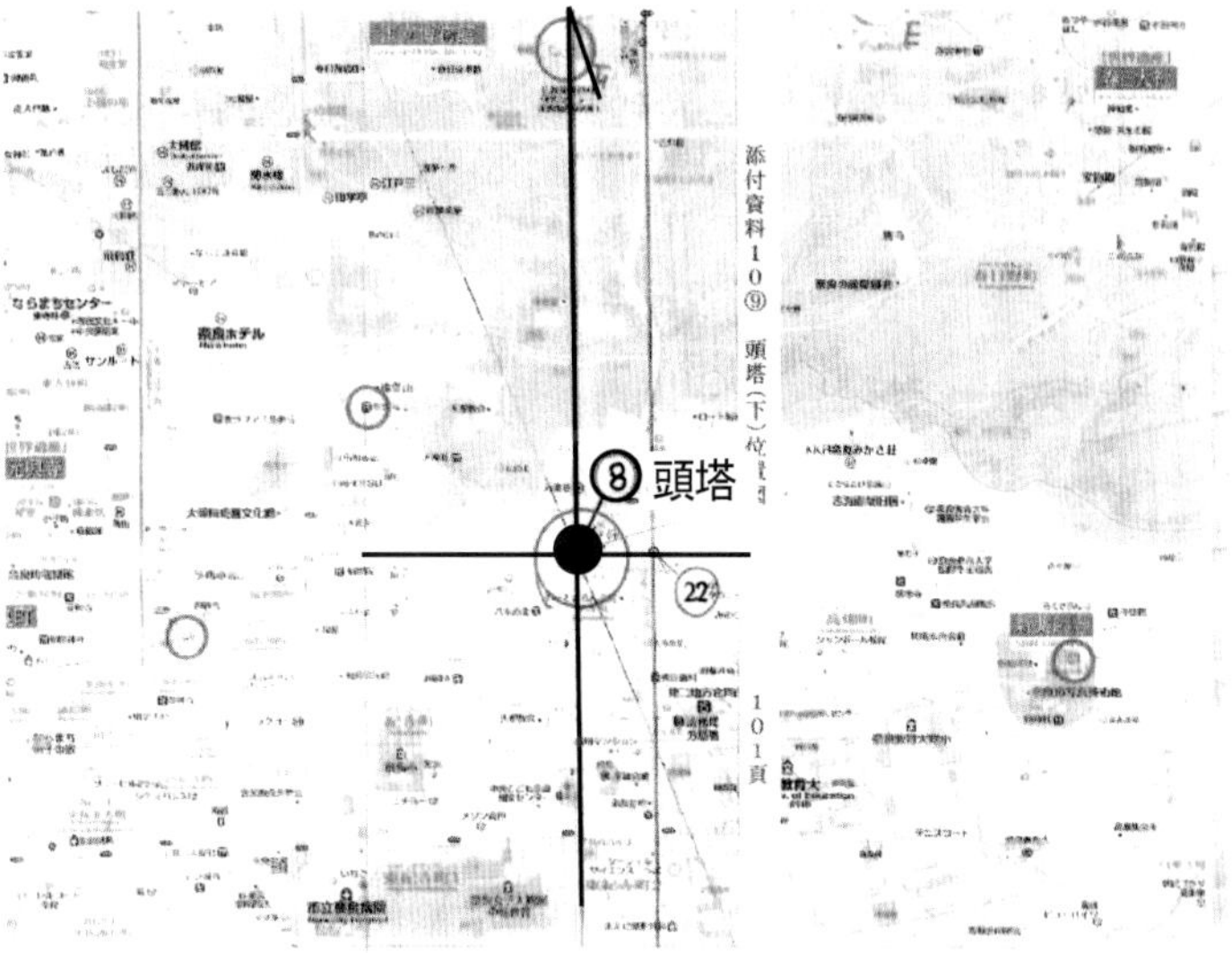

添付資料10⑨　頭塔(下)位置図

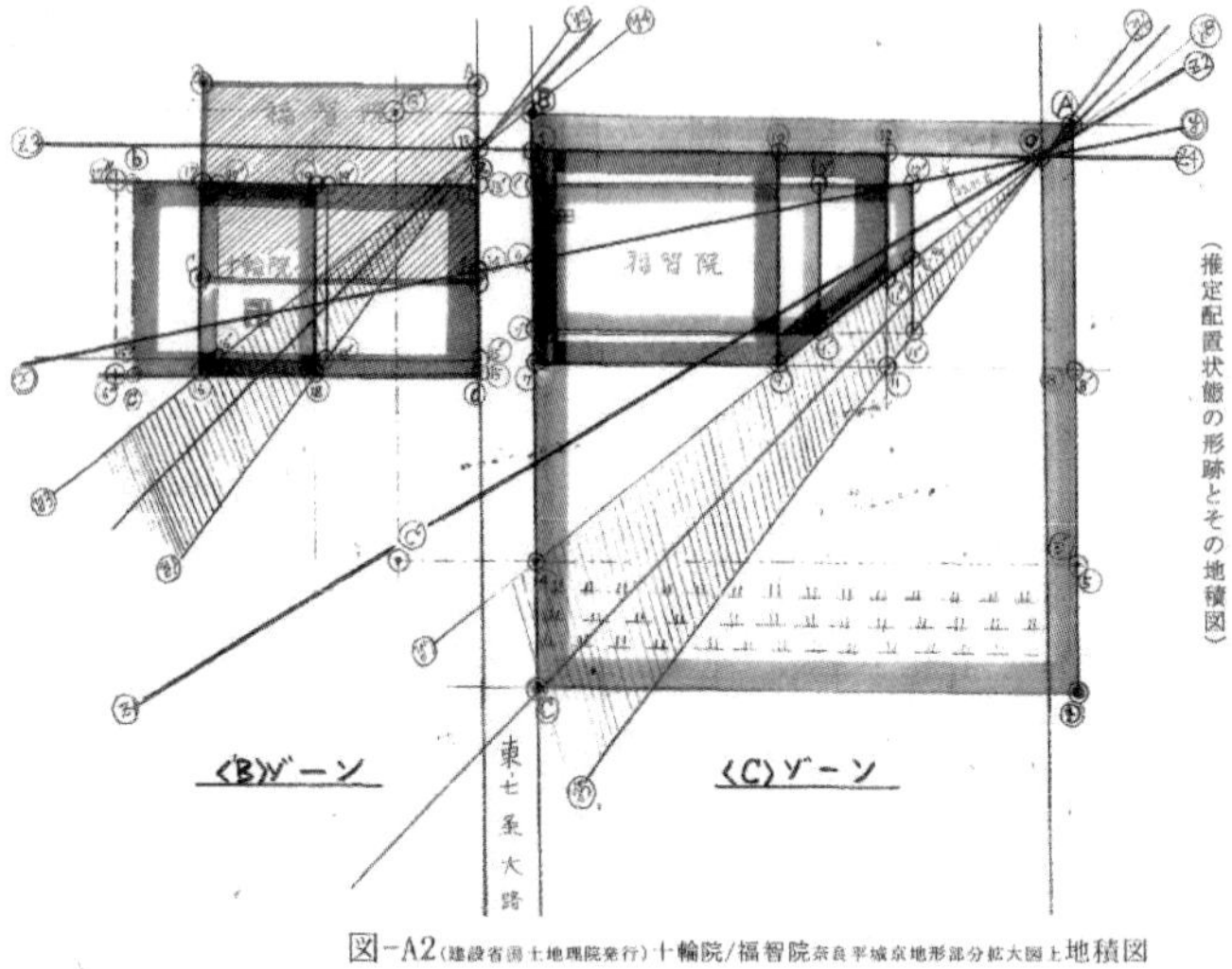

図−A2（建設省国土地理院発行）十輪院／福智院奈良平城京地形部分拡大図上地積図

添付資料11⑨ 旧福智院、旧十輪院歴史事跡（図-A2）

添付資料12⑨表―1《地積(面積)結果一覧》

《A:天平清水寺(旧清水寺)/B:旧十輪院/C:旧福智院の敷地面積(町歩)》

〈1〉式をもちいて図から得られる東西、南北の該境界線の机上値長を実測値長に換算することによって得られた結果を示す

《〈A〉、〈B〉および〈C〉地積(面積)結果一覧》

表―1

寺院敷地		東西境界線		南北境界線		地積値
		机上値(cm)	実測値(m)	机上値(cm)	実測値(m)	(町歩)
A3	(ⒶⒷ⑦,⑧Ⓐ)	11.97	345.21	4.87	140.4	4.07(左遷後)
A2	(ⒶⒷ④⑤Ⓐ)	11.97	345.21	9.64	277.63	8.06(左遷前)
A1	(ⒶⒷⒸⒹⒶ)	11.97	345.21	11.97	345.2	10.00(左遷前)
〈A3〉	(Ⓐ,Ⓑ,Ⓒ,ⒹⒶ)	14.75	425.39	9.64	277.63	9.92(左遷前)
B3	(⑬⑮⑯,⑰⑬)	7.50	216.32	4.00	115.36	2.09(旧輪院)
B2	(⑬⑮⑯⑰⑬)	6.00	173.04	4.00	115.36	1.68(旧輪院)
B1	(⑬,⑮,⑱,⑲⑬)	3.50	100.94	4.00	115.36	0.98(旧輪院)
(余B)	(⑯⑰,⑰,⑯⑯)	1.50	43.26	4.00	115.36	0.42(旧輪院)

2・10 〔B2＋余B〕＝B2〉

(ⓐⓑⓒⓓⓐ) 4・00 115・36 7・15 206・20 2・00 (旧輪院)(B3)

(⑬⑮⑯⑰⑬) 7・50 216・3 3・00 86・52 1・57 (旧輪院)〈(B3)〉

(⑬⑮⑯⑰⑬) 3・00 86・52 5・00 144・20 1・05 (旧輪院)(B2)

(⑬・,⑮・,⑱・,⑲・⑬) 3・00 86・52 3・00 86・52 0・63 (旧輪院)(B1)

台形 5・80 167・27

(①⑦⑨⑪⑫①)

(①⑦⑨⑩①) 4・40 126・90 5・80 167・27 1・78 (旧福智院)(C1)

台形 6・40 184・58

(,①,⑦,⑨,⑪,⑫,①) 8・35 240・8 3・30 95・17 1・70 (旧福智院)(C2)

(,①,⑦,⑨,⑩,①) 3・50 100・94 6・40 184・58 1・57 (旧福智院)(C1)

(ABCDA) 4・00 115・3 6・00 173・04 1・68 (旧福智院)(C2史料)

(＊注)：東七条大路の「大路巾」について。

図上杭置作業開始の最初の一歩を東七条大路から踏み出した！　すなわち長さ測定基準のゼロ点をこの図上大路に置いた。ちなみに、図上測長は1・10 cmであるから、この実測長さは31・72 mである。この長さは当時（本稿では「条里制施行直後の町並み」とみなしている）の大路巾値である。

添付資料１３③　阿刀雄足の経歴記事『日本古代氏族人名辞典』

添付資料１３⑥　　同　右

《坂本太郎／平野邦雄　監修『日本古代氏族人名辞典』　吉川弘文館　平成二年》の２２頁から引用させてもらった。

【安都宿禰雄足　あとのすくねおたり八世紀後半の下級官人。阿刀男足・阿刀小足・安刀男足にも作る。天平宝字二年（７５８）九月一日付の「阿刀老女など啓」によって山背国林郷（紀伊郡拝志卿か。現在の京都市東山区の東福寺から南区、伏見区の城南宮にかけての一部）の出身とも考えられるが未詳。天平二十年（７４８）九月に東大寺写経所の舎人として初めて『正倉院文書』に姿を見せる。天平勝宝二年（７５０）八月には少初位上の位階を持っており、以降、同五年二月頃まで舎人であった。この間、東大寺大仏関係の建造にも関係したらしい。同六年閏十月には越前国史生に転じ、天平宝字二年正月頃までその地位にあり、主に東大寺領専当国司として国司となり、在地の生江臣《いくえのおみ》東人（前造東大寺司史生）・品治部君《ほんちべのきみ》広耳らを従えて桑原荘（福井県坂井郡金津町桑原）などの荘園管理に携わった。造東大寺司は、経歴上深い関係を有する雄足と東人とを利用して経営の効率化を図ったらしいが、実際には東人が在地を掌握していなっかたため、その経営は難航している。むしろ雄足は、その地位を利用して私出挙や営田活動で成功したようである。雄足が造東大寺司主典正八位上として帰京したのちも、自身のために越前国に残した経営拠点《けいえいきょてん》は機能している。帰京後は再び各種写経事業の事務を専当するが、その中には藤原朝臣仲麻呂・道鏡《どうきょう》らの宣《せん》による写経事業が含まれる。天平宝字三年中頃から翌四年末頃までの間、法華寺阿弥陀浄土院の造営の別当として、また同五年末から造石山寺所の別当として活躍している。同六年十二月に近江の石山（滋賀県大津市）から奈良へ帰ったあとも、その残務整理は雄足の下で行われたが、それは完了せず、これが多量の『正倉院文書』を現在に伝えるきっかけとなった。石山などに赴いている間にも配下の下村主道主らと組んで、その地位と畿内の「巨大な消費」とを利用して近江国など機内近辺での私田経営、材木の地域間価格差を利用した利潤獲得行為などを行い、「宅」と呼ばれる活動の拠点を近江国勢多荘（大津市瀬田付近）や畿内の各地に置いている。しかし天平宝字七年の後半からはそうした史料がみられなくなり仲麻呂の乱の直前の同八年正月の文書を最後に、その姿をけしている。みずから職を去ったか、あるいは更迭されたのであろう。家柄のゆえか、造東大寺司における活動にもかかわらずその地位は最後まで造東大寺司主典正八位上であった。【参考文献】岸俊男『日本古代政治史研究』、鬼頭清明『日本古代都市論序説』、岡藤良敬『日本古代造営史料の復元研究』、小口雅史『初期庄園の経営構造と律令体制』（土田直鎮先　生還暦記念会編『奈良平安時代史論集』上所収）、同『安都雄足の私田経営』（『史学雑誌』九六ー六）】

表紙題字

空海筆

国宝御請来目録（滋賀県竹生島寶厳寺蔵）

『若き空海の実像』飯島太千雄　大法輪閣　平成２１年

２２９頁　写真５５空海「請来目録」（部分拡大／宝厳寺）

から阿刀弘敬　臨書

表紙写真

（この木像は現在京都国立博物館に寄託中）

東寺御影堂奉安

弘法大師御木像原型

弘法大師御木像

貞永二年三月一日

仏師　康勝　作

一躯

このお木像は東寺御影堂奉安のお木像の原型である。阿刀家奉安のこのお木像と、東寺御影堂奉安のお木像は、共に、作者も御造立の年代も明らかである。大師お木像中の傑作として知られている。

真言宗阿刀家奉安木像大師写真、説明文共に『祈祷寺』

昭和三十六年七月一日真言宗阿刀家発行より

著者紹介

阿　刀　弘　敬（あとうひろよし）

本籍　京都市南区旧東寺敷地内

学歴　京都大学卒　立命館大学中退

職歴　京都大学工学研究所原子核化学工学部門江口　弥研究室実
験助手として2年間非常勤勤務
以降、自宅にて学習塾『志学舎』経営
昭和四十六年民間企業薬品研究開発部研究員として奉職
平成元年六月右企業依願退職
この間、
昭和五十二年八月相続発生、係争に至ったが
平成十一年九月右係争終結
以降、饒速日尊《にぎはやひのみこと》孫《そん》味饒田命《うましにぎたのみこと》第六十八世孫
弘法大師空海生母里方直系第四十二代　京都阿刀家を名乗る
平成八年三月表千家茶道師範・佐伯キミ子先生に社中入門平
成九年八月十日

京都大徳寺聚光院の利休居士、三千家墓所にて聚光院檀家方の法要茶会が行われた久田宗也家の委嘱を受けられた師範先生の手伝いとして社中四名の一人としてこの茶会場で奉仕したその後も引き続きご指導を仰いだが作法実らず中途半端に終わる

以降、我流にて〝あるがままにたしなみながら〟を是《ぜ》としてその日暮らしを続けている。

所属　ＮＰＯ法人佐賀県徐福会会員

弘法大師　空海　-「謎」の事跡を解き明かす-

2024年　5月　30日　初版発行

著者　　阿刀弘敬
発行者　千葉慎也
発行所　合同会社 AmazingAdventure
（東京本社）　東京都中央区日本橋3－2－14
新槇町ビル別館第一　2階
（発行所）　三重県四日市市あかつき台1－2－208
電話　050－3575－2199
E-mail　info@amazing-adventure.net
発売元　星雲社（共同出版社・流通責任出版社）
〒112-0005 東京都文京区水道1-3-30
電話　03-3868-3275
印刷・製本　シナノ書籍印刷

ISBN978－4－434－34044－4　C0021